왕초짜
여행
스페인어

동인랑

여러분의 외국어 학습에는 언제나 《주동사만》이 성실한 동반자가 되어줄 것입니다.

여행을 떠나기 앞서...

두려워하지 말고 떠나자! 말하자! 즐기자!

큰 맘 먹고 떠나는 스페인 여행! 낯선 나라에 대한 호기 심과 즐거움 보다는 덜컥 겁부터 먼저 나지는 않나요? **게다가 "이건 얼마예요?, 이건 뭐예요?, 더 주세요"**와 같은말을 못해 나의 첫 스페인 여행이 엉망이 되지는 않을지걱정되지는 않나요? 갑자기 아프기라도 한다면...

이렇게 많은 걱정거리를 없앨 수 있는 가장 간단한 방법은 그 나라의 말을 할 수 있으면 됩니다. 하지만 얼마 남지 않은 스페인 여행! 아무리 학원을 다니고 공부를 한다 해도 한마디 말도 할 수 없는 것이 뼈아픈 현실! 이렇듯 시간은 없어도 보람찬 스페인 여행을 원하는 여러분을 위해 우리말 발음이 함께 있는 **왕초짜 여행 스페인어** 를 준비했습니다.

나홀로 배낭여행을 떠나든 여행사의 단체패키지로 떠나든 여행의 즐거움을 배로 느낄 수 있는 방법은 바로 현지 언어로 현지인과 의사소통을 하는 것 임을 잊지 말고, 이책을 보면서 자신 있게 도전해 보세요!

끝으로, 이책에 사용된 회화문은 원만한 의사소통을 위해 뜻이 통하는 한도내에서 가능한 짧은 문장위주로 실었습니다.

이 책의 특징

1_ 처음 여행을 떠나는 분들을 위한 스페인어 회화
해외여행에 많은 경험과 노하우를 가진 선배 여행자들이 왕초짜 여행자들 에게 필요한 문장들만 콕콕 찍어 만든 필수 여행 회화서이다. 처음으로 해외여행을 떠나는 분들의 두려움은 반으로 줄고, 즐거움은 두배가 된다.

2_ 여행시 꼭 필요한 문장들만 수록-우리말 발음이 있어 편리
여행에 꼭 필요한 문장들만 콕콕 찍어 수록하였다. 현지인이 알아들을 수 있는 한도내에서 가능한 짧은 문장들로 구성한 살아있는 문장들이다.
또한 우리말 발음이 함께 적혀 있어 자신있게 말할 수 있다.

3_ 상황에 따라 쉽게 골라쓰는 여행스페인어 회화
여행에서 얻은 다양한 경험을 살려 마주칠 수 있는 상황들을 장면별로 나누고, 바로바로 찾아 쓰기 쉽게 검색기능을 강화하였다. 회화에 자신이 없다면 검색해서 손가락으로 문장을 가리키기만 해도 뜻이 통한다.

4_ 도움되는 활용어휘, 한국어-스페인어 단어장
상황별로 도움이 되는 단어들을 모아 정리해 놓았으므로, 완전한 문장은 아니더라도 긴급한 상황에 쓰기에 아주 유용하다.
또한, 한국어-스페인어단어장이 가나다순으로 뒷편 부록에 실려 있어, 이 부분만 따로 분리해 가지고 다녀도 안심!

5_ 휴대하기 편한 포켓사이즈
여행시에는 작은 물건이라도 짐이 되는 경우가 많다. 이 책은 포켓 사이즈라 짐도 되지 않고, 주머니속에 쏙 들어가므로 휴대하기 편하다.

| 여행을 떠나기 앞서_ | 3 |
| 이책의 특징_ | 4 |

여행정보

| 알아둡시다_ | 8 | 준비물_ | 10 |
| 스페인에 대해_ | 12 | 긴급상황_ | 15 |

기본표현

인사_	18	기원_	19	감사/사과_	20
자기소개_	21	부탁/희망_	22	제안_	23
약속_	24	질문_	25	가격_	27
숫자_	28	대명사_	31	요일_	32
월/일_	33	시간_	34	가족_	35

출국

| 탑승_ | 38 | 설비사용_ | 42 |
| 기내서비스_ | 46 | 활용어휘_ | 50 |

입국

| 입국심사_ | 56 | 세관신고_ | 60 |
| 환전_ | 64 | 활용어휘_ | 68 |

 **교통**

길묻기_	76	기차/전철_	80
택시_	86	버스_	90
렌트카_	96	활용어휘_	100

 **숙박**

체크인_	110	룸서비스_	114
시설이용_	120	체크아웃_	124
활용어휘_	128		

 **식사**

예약/안내_	138	주문_	142
패스트푸드점_	146	계산_	150
활용어휘_	154		

 **쇼핑**

백화점_	162	옷가게_	168
보석_	172	활용어휘_	176

 **관광**

관광안내_	186	관광명소_	192
박물관_	196	활용어휘_	200

 **여흥**

공연_	208	스포츠_	212
주점_	216	활용어휘_	220

| 국제전화_ | 224 | | | 전화  |

| 분실/도난_ | 232 | 질병_ | 236 | 긴급  |
| 활용어휘_ | 242 | | | |

| 예약확인_ | 248 | 활용어휘_ | 252 | 귀국 |

부록

환전할 때_	254	승차권 구입_	255
분실·도난시_	256	아플때_	258
처방_	260	여행자메모_	261
도움되는 한·스어휘_	262		

SIGHTSEEING ADVICE
알아둡시다

여행 목적에 알맞게 준비를 하면 보람있고 여유있는 여행을 즐길 수 있다. 여행을 떠나기 전 기초적인 준비사항을 알아보자.

여권 PASAPORTE

해외여행 중에 여행자의 신분을 유일하게 국제적으로 증명할 수 있는 신분증이다. 국외에 체류하는 동안 반드시 휴대하여야 하며, 전국 여권 발급 기관에서 발급해준다.

여권 발급 기관은 외교부 여권안내

http://www.passport.go.kr/issue/agency.php 참조

우리나라에서는 2008년 8월부터 신원 정보면의 내용을 칩에 한 번 더 넣어 보안성을 강화한 전자여권을 도입하였다.

비자 VISADO

여행하고자 하는 상대국에서 입국 허가를 공식적인 문서로 허용하는 것으로 스페인의 경우, 비자면제협정(약 30개 쉥겐협약국)에 의하여 여행기간이 3개월90일 이내일 때는 비자를 발급 받을 필요가 없다. 단, 2025년 상반기 이후 부터는 ETIAS(여행정보승인시스템)를 확인후 여행전 신청해야 한다.

환전 CAMBIO

출국전 은행, 공항의 환전소 등에서 Euro유로로 환전한다.
Travel Wallet 트래블월렛이나 Travel Log 트래블로그 등 앱을 이용해 바로 현지화폐로 외화를 충전하고 결제할 수 있다. 또한 ATM 으로 현금 인출이 가능하기도 하다.

신용카드 TARJETA DE CRÉDITO

국내의 Visa 비자, Master 마스터 카드 등의 국제카드는 스페인에서도 사용할 수 있으며 여행기간과 은행 결제일이 겹치는 경우에는 미리 사용한 대금을 예금하고 떠나도록 한다. 대금 결제는 귀국 후 국내에서 환율을 환산하여 결제한다.

항공권 BOLETO

여행사에서 단체로 가는 경우에는 문제가 없으나 개인 출발이라면 출발 전에 반드시 예약을 재확인하도록 한다. 개인 출발시 항공권의가격은 회사별로 차이가 많이 나며, 가능한 전문여행사를 이용하고 직항노선보다 경유노선을 취항하는 항공편의 가격이 훨씬 저렴한편이다.

유스호스텔회원증	YOUTH HOTEL MEMBERSHIP CARD
철도패스	EURAIL PASS
국제운전면허증	INTERNATIONAL DRIVING LICENSE
국제학생증	INTERNATIONAL STUDENT IDENTIFICATION CARD
해외여행보험	OVERSEAS INSURANCE

여행자의 필요에 따라 위의 회원증이나 패스를 미리 구입하거나 핸드폰 어플(앱)을 이용하면 각종 할인이나 혜택을 받을 수 있다. 이런 패스들은 외국 관광객을 위한 것이므로 국내에서 미리 구입하거나 예약을 해 좋아야 하는 경우도 있다.

준비물

아래의 체크 리스트는 해외 여행시 필요한 일반적인 준비물이다. 각자의 상황에 맞게 참고하여 빠진 것 없이 꼼꼼히 준비하도록 하자.

	품목	Y	N
필수품 귀중품	• 여권 VISA, , ETIAS확인	☐	☐
	• 현금 Euro화	☐	☐
	• 트래블 월렛 등 환전앱	☐	☐
	• 신용카드 국제용	☐	☐
	• 항공권, 항공사 앱	☐	☐
	• 비상약품	☐	☐
	• E-SIM, U-SIM 등 데이터칩	☐	☐

※ 위의 서류들은 꼭 별도로 번호와 발행처를 메모하거나 복사해 둔다.
※ 스페인에서는 의사처방전 없이는 약을 판매하지 않으므로 비상약품은 꼭 준비해 간다.
※ 유로는 1·2·5·10·20·50 유로센트, 100·500유로의 8종류의 동전과 5·10·20·50·100·200·500 유로의 7종류의 지폐가 있다.

품 목	Y	N
· 유스호스텔 회원증	☐	☐
· 국제 학생증	☐	☐
· 국제 운전면허증	☐	☐
· 여권용 증명사진 2매	☐	☐
· 타월, 칫솔, 치약, 빗, 면도기	☐	☐
· 멀티어댑터, USB 연결케이블	☐	☐
· 화장품, 생리용품, 신발, 잠옷	☐	☐
· 선글라스, 우산, 우의, 모자 등	☐	☐
· 카메라 필름, USB메모리, 충전기	☐	☐
· 여행 안내 책자, 지도, 구글맵	☐	☐
· 바느질용품, 시계	☐	☐
· 핸드폰배터리, 충전기 등	☐	☐
· 김, 김치, 고추장	☐	☐
· 필기도구, 메모지	☐	☐

선택

※ 증명사진은 여권 재발급시 필요하다.
※ 1회용품칫솔, 치약, 면도기 등은 제공되지 않는 곳이 대부분이므로 준비해 간다.
※ 장기간 여행객이라면 밑반찬을 밀봉된 병이나 팩에 넣어서 휴대한다.

스페인에 대해

'태양의 나라' 또는 '정열의 나라'라고 불리는 스페인.

우리에게는 플라맹고나 투우로 잘 알려져 있다. 러시아, 프랑스에 이어 유럽에서 세 번째로 큰 나라로 기후와 지형이 다양하다.

피카소나 고야 등의 유명화가들이 남긴 작품들과 미술관, 다양한 종류의 축제, 아름다운 자연경관, 올리브와 포도주 등의 특산품 등 볼거리와 먹거리가 풍부하다. 변화무쌍한 자연과 다양한 예술, 독특한 문화를 갖고있어 많은 관광객이 스페인을 찾아온다.

- ★ **국명_** Reino de España 에스파냐왕국
- ★ **수도_** Madrid 마드리드-인구 약 700만
- ★ **면적_** 505,992㎢ 한반도의 2.3배
- ★ **인구_** 약 47,904,382만명 2024년 10월 기준
- ★ **언어_** 스페인어 까스띠야어-표준어
- ★ **종교_** 로마가톨릭
- ★ **나라형태_** 입헌군주제 국왕- Felipe VI(펠리페 6세)
- ★ **시차_** 한국시간 -8시간
  단, 썸머 타임(3월말~9월말)기간에는 '-7시간'이 된다.

🗒 기후와 계절

4계절이 뚜렷하며 지형의 영향으로 다양한 기후를 나타낸다. 북서부의 대서양 연안은 온난한 해양성 기후로 비가 많으며, 마드리드를 포함한 중부 고원지대와 남서부는 대륙성의 건조한 기후를 나타낸다. 또한 남동부의 지중해 연안은 전형적인 지중해성 기후로 일년 내내 온난하다. 지역적으로 나누면 여행적기는 여름은 북부가, 봄은 안달루시아, 가을은 중부, 그리고 겨울은 남부가 좋다.

🗒 언어

공용어는 까스띠야어로, 지금의 수도인 마드리드에 있는 까스띠야 지방의 방언이 스페인 전국에 퍼져나가 지금의 표준 스페인어가 되었다. 지역에 따라 북서부에는 갈리시아어, 동부에는 까딸루냐어, 이외에 바스크어 등이 해당지역에서 공용어로 사용되고 있다.

🗒 매너와 관습

스페인을 비롯한 이탈리아, 그리스 등의 지중해 연안 국가와 라틴 아메리카에는 Siesta 시에스타 라고 하는 낮잠 풍습이 있다. 여름 한낮에는 무더위 때문에 일의 능률이 오르지 않으므로 낮잠으로 원기를 회복하여 저녁까지 일을 하자는 취지이다. 보통 오후 1~4시까지 이어지는데, 시에스타 중에는 상점들은 물론 관공서도 문을 닫고 낮잠을 즐긴다.

🗒 팁

· 호텔 포터(짐꾼)는 가방 1개당 1유로 정도, 청소원은 1-1.5유로 정도
· 택시 · 식당 · 이발소 · 미장원 등 : 요금의 5~10%선

🕐 영업시간

여름 한낮! "Siesta 시에스타"시간에는 대부분의 상점이 문을 닫는다. 이것을 감안하여 여행 계획을 세우도록 해야한다.

- 은행·우체국 : 월~금요일 9~14시 토요일은 9시~13시
- 백화점 : 월~토요일 10~21시 일요일 휴업
- 상점 : 월~토요일 09시30분~14시, 17시-20시
- 레스토랑 : 점심시간 13~17시, 저녁시간 20시 이후

🔌 전압주파수

전압은 220~230V 구건물은 125V, 주파수는 50Hz.
유럽형 C형 또는 F형 멀티 어댑터(콘센트) 등을 준비한다.

🎉 중요한 경축일

★ 신년 Año Nuevo	1월 1일
★ 동방박사의 날	1월 6일
★ 부활절*	4월 첫째 or 둘째 주일
★ 노동절	5월 1일
★ 마드리드의 날	5월 2일
★ 마드리드 수호성인의 날	5월 15일
★ 성모 승천일	8월 15일
★ 신대륙발견 기념일	10월 12일
★ 모든 성인의 날	11월 1일
★ 수호 성인의 날	11월 9일
★ 제헌절	12월 6일
★ 성모마리아 수태의 날	12월 8일
★ 크리스마스 Navidad	12월 25일

▶ *표시는 매년 날짜가 바뀌는 축제일이다.

긴급상황

여권분실

스페인의 한국대사관 ☎ 91 353 2000 마드리드에 연락한 후 즉시여행자 증명서 발급신청을 한다. 여권용 사진을 휴대하고, 여권번호는 복사해두거나 반드시 다른 수첩에 메모해 둔다.

분실시 준비서류

- 여권사본 또는 사진이 들어있는 각종 신분증
- 여권용 사진(3.5cm×4.5cm)
- 경찰리포트 : 경찰리포트(피해신고접수증)는 분실장소에서 가까운 경찰서에서 할 수 있다.
- 수수료 : 여행증명서 약 23.50유로, 단수여권 약 50유로

신용카드분실

분실 사고시 즉시 스페인의 경찰서에 신고를 하고 카드회사에 카드번호와 유효기간을 알린 후 분실처리를 요청한다.
언어에 자신이 없으면 한국의 해당 카드회사로 전화를 하여 분실신고를 하는 것이 제일 확실하다.

분실신고 연락처_서울 00(국제전화식별번호)+82+전화번호

비씨카드 2-330-5701	삼성카드 2-2000-8100
신한카드 1544-7000	씨티카드 2-2004-1004
우리카드 2-2169-5001	하나카드 2-3489-1000
현대카드 2-3015-9000	KB국민카드 2-6300-7300
농협카드 2-6942-6478	롯데카드 2-2280-2400

항공권분실

항공사의 대리점에서 재발급 신청을 하면 항공사는 본사에연락하여 발급 여부를 확인해 준다. 시간이 급할 때는 별도의항공권을 구입한 후 귀국 후에 조회하여 환불받을 수 있으며, 이 때에는 현지에서 발급 받은 분실도난증명서가 필요하다.

소매치기

· 가능한 한 여행자 수표나 신용카드를 사용하고 많은 현금은밖으로 내보이지 않는다.
· 오토바이를 타고 뒤에서 접근하는 경우도 많다.
· 핸드백이나 가방은 뒤로 매거나 손에 들고 다니지 말고 팔밑이나 몸 앞쪽으로 매도록 한다.
· 공중화장실에서는 문고리에 핸드백을 걸어 놓지 않는다.

교통사고

먼저 경찰서로 연락하고, 경찰서에서 꼭 사고 증명서를 받아놓도록 한다. 보험 청구 시에 꼭 필요하다.
그리고 잘못이 확실히 가려질 때까지 'Lo siento. 로 씨엔또 미안합니다.'라는 말을 사용하지 않도록 하고 잘못이 없을 때는!강력히 'No tengo la culpa. 노 뗑고 라 꿀빠 제 잘못이 아닙니다.'라고 말한다.

해외여행보험

해외 여행보험에는 상해보험과 질병보험, 항공기 납치, 도난보상보험 등이 있다.
보험 가입은 개인의 경우 각 공항에서비행기탑승 전에 가입하면 되고 여행사에서 취급하는 해외여행 상품을 이용할 경우는 대부분이 보험료가 포함되어 있으므로 별도로 가입할 필요는 없다.

기본표현

여행지에서 스페인사람들과 마주치면 아는 사람이 아닐지라도 먼저 웃으면서 '¡Hola! 안녕하세요!' 라고 인사말을 건네고, 헤어질 때는 'Adiós! 안녕히 가세요!' 라고 하면 된다.

안녕!	올라 ¡Hola!
안녕하세요.(아침)	부에노스 디아스 Buenos días.
안녕하세요.(점심)	부에나스 따르데스 Buenas tardes.
안녕하세요.(저녁)	부에나스 노체스 Buenas noches.
안녕히 가세요.	아디오스 Adiós.
어떻게 지내니?/잘 지내니?	께 딸 ¿Qué tal?
어떻게 지내십니까?	꼬모 에스따 우스뗃 ¿Como está usted?
잘 지냅니다.	무이 비엔 Muy bien.
내일 봅시다.	아스따 마냐나 Hasta mañana.
다음에 봅시다.	아스따 루에고 Hasta luego.

헤어지면서 작별인사에 곁들여 하는 말들이다. 이렇게 말하면 더욱 정감 있는 대화가 된다. 또한 술좌석에서 술잔을 마주치면서 외치는 말도 알아두면 많은 도움이 된다.

기원

잘 지내!	께 떼 바야 비엔 ¡Qué te vaya bien!
주말을 잘 보내세요!	부엔 핀 데 세마나 ¡Buen fin de semana!
즐거운 시간이되기를!	께 로 빠세스 비엔 ¡Que lo pases bien!
좋은 여행이 되기를!	부엔 비아헤 ¡Buen viaje!
성공을 빕니다.	께 뗑가 엑씨또 Qué tenga éxito.
행운을 빕니다.	부에나 수에르떼 Buena suerte.
모든 일이 잘 되기를!	끼에로 께 또도 바야 비엔 ¡Quiero que todo vaya bien!
즐거운 성탄절이 되기를!	펠리스 나비닷 ¡Feliz Navidad!
좋은 새해가 되기를!	펠리스 아뇨 누에보 ¡Feliz Año Nuevo!
건배!	살룻 ¡Salud!

다른 사람의 친절에 감사할 때 가장 많이 쓰이는 표현이 'Gracias. 감사합니다.' 이다. 구체적인 이유를 붙여서 말할 때는 'por'를 이용해서 'Gracias por ayudarme. 도와주셔서 고맙습니다.' 와 같이 표현한다.

고맙습니다.	그라씨아스 Gracias.
대단히 감사합니다. / 정말 감사드립니다.	무차스 그라씨아스 / 밀 그라씨아스 Muchas gracias. / Mil gracias.
당신은 매우 친절하십니다.	에스 우스뗃 무이 아마블레 Es usted muy amable.
천만에요.	데 나다 De nada.
천만에요.	엘 구스또 에스 미오 No hay de qué.
미안합니다.	로 씨엔또 Lo siento.
죄송합니다.	뻬르돈 Perdón.
실례합니다.	꼰 수 뻬르미소 / 꼰 뻬르미소 Con su permiso./Con permiso.
괜찮습니다.	에스따 비엔 Está bien
염려마세요.	노 쎄 쁘레오꾸뻬 No se preocupe.

사람을 처음 소개 받았을 때는 'Mucho gusto. 반갑습니다.' 라고 인사한다. 남에게 부탁을 할 때는 '¿Quiere~'를 이용하여 간단한 표현을 사용하는 것도 좋지만 'Podría~?' 와 같은 정중한 표현도 있다.

자기 소개

처음 뵙겠습니다.	무쵸 구스또 Mucho gusto.
만나서 반갑습니다.(남/여)	엔깐따도 / 엔깐따다 Encantado. / Encantada.
만나서 제가 기쁩니다.	엘 구스또 에스 미오 El gusto es mío.
당신의 이름은 무엇입니까?	꼬모 쎄 야마 우스뗃 ¿Cómo se llama usted?
제 이름은 ~입니다.	메 야모~ Me llamo ~.
저는 30살입니다.	뗑고 뜨레인따 아뇨스 Tengo treinta años.
저는 스페인어를 잘 못합니다.	노 아블로 비엔 에스빠뇰 No hablo bien español.
저는 미혼입니다. / 저는 결혼했습니다.	에스또이 솔떼로(라)/에스또이 까사도(다) Estoy soltero(a). / Estoy casado(a).
이 사람은 제 [처/ 남편]입니다.	에스 미 [마리도/무헤르] Es mi [marido / mujer].
유럽을 여행하고 있습니다.	비아호 뽀르 에우로빠 Viajo por Europa.

인사
기원
감사 사과
자기 소개
부탁 희망
제안
약속
질문
가격
숫자
대명사
요일
월/일
시간 계절
가족
기본 표현

다른 사람에게 무언가를 부탁할 때는 por favor를 쓰면 되는데 아주 편리하게 쓸 수 있는 유용한 표현이다. 또한 자신의 바램이나 희망을 나타낼 때 Deseo~ 나 Quiere~ 와 같은 구문을 이용한다.

도와주세요!	아유데메 ¡Ayúdeme!
여기로 오세요.	벵가 아끼 뽀르 파보르 Venga aquí, por favor.
천천히 말씀해 주세요.	아블레 데스빠씨오 뽀르 파보르 Hable despacio, por favor.
서둘러 주세요.	데쎄 쁘리사 ¡Dese prisa!
잠시만 기다려 주세요.	운 모멘또 뽀르 파보르 Un momento, por favor.
의사를 불러주세요.	야메 아 운 메디꼬 Llame a un médico.
무엇을 드시고 싶습니까?.	께 끼에레 꼬메르 ¿Qué quiere comer?
커피를 마시고 싶습니다.	운 까페 뽀르 파보르 Un café, por favor.
가고 싶지 않습니다.	노 끼에로 이르 No quíero ir.
혼자 있고 싶습니다.	끼에로 에스따르 솔로 Quiero estar solo.

상대방에게 제안을 할 때는 'Porqué no~? ~하는 게 어때요?' 라는 구문을 이용하여 말하고, 또한 친한 사이라면 'Vamos a~. ~합시다.' 는 구문을 써서 말한다.

제안

담배 피워도 됩니까?	뿌에도 푸마르 ¿Puedo fumar?
어떻게 하는지 가르쳐주시겠습니까?	뿌에데 엔쎄냐르메 꼬모 아쎄를로 ¿Puede enseñarme cómo hacerlo?
쇼핑하러 가시겠습니까?	끼에레 이르 데 꼼쁘라스 ¿Quiere ir de compras?
식사하러 가시겠습니까?	끼에레 꼬메르 알고 ¿Quiere comer algo?
오늘밤에 만납시다.	노스 베모스 에스따 노체 Nos vemos esta moche.
기꺼이.	꼰 무쵸 구스또 Con mucho gusto.
각자 계산합시다.	빠가모스 뽀르 까다 빠르떼 Pagamos por cada parte.
물론입니다.	뽀르 수뿌에스또 Por supuesto.
침착하십시오./진정하십시오	깔메세 Cálmese.
저도 그렇게 생각합니다./ 그다지 나쁘진 않군요.	끄레오 께 씨 / 노 에스따 말 Creo que sí. / No está mal.

인사
기원
감사 사과
자기 소개
부탁 희망
제안
약속
질문
가격
숫자
대명사
요일
월/일
시간 계절
가족
기본 표현

약속

남의 집을 방문 할 때는 미리 약속을 하고 가야하며, 간단한 선물을 준비하면 좋고 약속 시간에 늦지 않도록 주의한다. 약속을 정할 때는 시간이나 장소 등이 혼동되지 않도록 정확하게 확인을 해야 한다.

당신과 만날 수 있습니까?	뿌에도 엔꼰뜨라르메 꼰 우스뗃 ¿Puedo encontrarme con usted?
오후에 시간이 있습니까?	띠에네 띠엠뽀 리브레 뽀를 라 따르데 ¿Tiene tiempo libre por la tarde?
어디에서 만날까요?	엔 돈데 뽀데모스 베르노스 ¿En dónde podemos vernos?
극장 앞에서 만납시다.	께 딸 델란떼 델 씨네 ¿Qué tal delante del cine?
댁을 방문하고 싶군요.	끼에로 비시따를로 아 우스뗃 Quiero visitarlo a usted.
좋습니다.	부에노 Bueno.
몇 시가 좋습니까?	아 께 오라 세라 메호르 ¿A qué hora será mejor?
언제라도 좋습니다.	꿀끼에르 띠엠뽀 Cualquier tiempo.
5시가 좋습니다.	세라 비엔 알 라스 씬꼬 Será bien a las cinco.
그 때 봅시다.	아스따 라 비스따 Hasta la vista.

처음 만나는 스페인 사람에게는 개인의 신상에 관한 일과 결혼 유무를 묻는 것은 우리와 달리 에티켓에 어긋나므로 직설적으로 묻지 않도록 한다.

질문
[신상]

성함이 무엇입니까?	꼬모 세 야마 우스뗃	¿Cómo se llama usted?
무슨 일을 하십니까?	아 께 쎄 데디까	¿A qué se dedica?
몇 살이십니까?	꾸안또스 아뇨스 띠에네 우스뗃	¿Cuántos años tiene usted?
스물일곱입니다.	뗑고 베인띠씨에떼 아뇨스	Tengo veintisiete años.
스페인어를 할 줄 압니까?	뿌에데 아블라르 에스빠뇰	¿Puede hablar español?
전화번호는 몇 번입니까?	꽐 에스 수 누메로 데 뗄레포노	¿Cuál es su número de teléfono?
어떤 취미를 갖고 계십니까?	꽐 에스 수 빠사띠엠뽀	¿Cuál es su pasatiempo?
가족관계는 어떻게 됩니까?	꼬모 에스따 인떼그리다 수 파밀리아	¿Cómo está integrada su familia?
이것은 무엇입니까?	께 에스 에스또	¿Qué es esto?
이것은 무엇을 의미합니까?	께 끼에레 데씨르	¿Qué quiere decir?

인사
기원
감사 사과
자기 소개
부탁 희망
제안
약속
질문
가격
숫자
대명사
요일
월/일
시간 계절
가족
기본 표현

질문
[시간/장소]

오늘은 며칠입니까?	께 페차 에스 오이	¿Qué fecha es hoy?
오늘은 8월 15일 입니다.	오이 에스 엘 낀쎄 데 아고스또	Hoy es el 15 de agosto.
무슨 요일입니까?	께 디아 에스 오이	¿Qué día es hoy?
월요일입니다.	오이 에스 루네스	Hoy es lunes.
지금 몇 시입니까?	께 오라 에스	¿Qué hora es?
3시 15분입니다.	손 라스 뜨레스 이 낀쎄	Son las tres y quince.
어디에서 왔습니까?	데 돈데 에스 우스뗃	¿De dónde es usted?
한국에서 왔습니다.	소이 데 꼬레아	Soy de Corea.
여기가 어디입니까?	돈데 에스따모스	¿Dónde estamos?
화장실은 어디입니까?	돈데 에스따 엘 쎄르비씨오	¿Dónde está el servicio?

가격을 묻거나 흥정을 하고 고르는 과정은 일상생활에서 자주 일어나는 일이므로 이에 관한 간단한 회화는 알아두면 아주 편리하다. 물건을 구입한 후 마음에 안 들거나 다른 물건과 교환하고 싶을 때는 영수증이 필요하므로 잘 보관해둔다.

가격

얼마입니까?	꾸안또 꾸에스따 ¿Cuánto cuesta?	
모두 얼마입니까?	꾸안또 꾸에스따 또도 ¿Cuánto cuesta todo?	
15유로입니다.	꾸에스따 낀쎄 에우로스 Cuesta quince euros.	
비쌉니다.	에스 까로 Es caro.	
할인해 주십시오.	아가메 우나 레바하 뽀르 파보르 Hágame una rebaja, por favor.	
아주 쌉니다.	에스 무이 바라또 Es muy barato.	
예산이 얼마입니까?	께 쁘레수뿌에스또 띠에네 ¿Qué presupuesto tiene?	
거스름돈이 틀립니다.	엘 깜비오 에스따 에끼보까도 El cambio está equivocado.	
서비스요금이 포함됐습니까?	에스따 인끌루이도 엘 쎄르비씨오 ¿Está incluido el servicio?	
영수증을 주십시오.	엘 레씨보 뽀르 파보르 El recibo, por favor.	

인사
기원
감사 사과
자기 소개
부탁 희망
제안
약속
질문
가격
숫자
대명사
요일
월/일
시간 계절
가족
기본 표현

숫자

0	쎄로 cero		
1	우노 uno	첫 번째	쁘리메로 primero
2	도스 dos	두 번째	쎄군도 segundo
3	뜨레스 tres	세 번째	떼르쎄로 tercero
4	꾸아뜨로 cuatro	네 번째	꾸아르또 cuarto
5	씬꼬 cinco	다섯 번째	낀또 quinto
6	쎄이스 seis	여섯 번째	쎅스또 sexto
7	씨에떼 siete	일곱 번째	쎕띠모 séptimo
8	오쵸 ocho	여덟 번째	옥따보 octavo
9	누에보 nueve	아홉 번째	노베노 noveno
10	디에스 diez	열 번째	데씨모 décimo

숫자

11	온쎄 once	40	꾸아렌따 cuarenta
12	도쎄 doce	50	씽꾸엔따 cincuenta
13	뜨레쎄 trece	60	세센따 sesenta
14	까또르쎄 catorce	70	세뗀따 setenta
15	낀쎄 quince	80	오첸따 ochenta
16	디에씨세이스 dieciséis	90	노벤따 noventa
17	디에씨시에떼 diecisiete	100	씨엔또/씨엔 ciento/cien
18	디에씨오초 dieciocho	1,000	밀 mil
19	디에씨누에베 diecinueve	10,000	디에스 밀 diez mil
20	베인떼 veinte	100,000	씨엔 밀 cien mil
21	베인띠우노 veintiuno	1,000,000	(운)미욘 (un)millón
30	뜨레인따 treinta		

인사
기원
감사
사과
자기
소개
부탁
희망
제안
약속
질문
가격
숫자
대명사
요일
월/일
시간
계절
가족
기본
표현

숫자

2배	도스 베쎄스 dos veces
반(½)	미딷 mitad
한 번	우나 베스 una vez
두 번	도스 베쎄스 dos veces
세 번	뜨레스 베쎄스 tres veces

2025년 연도	도스 밀 베인띠씬꼬 dos mil veinticinco
123-4567 전화번호	우노 도스 뜨레스 꾸아뜨로 씬꼬 쎄이스 씨에떼 uno dos tres cuatro cinco seis siete
Room 713 방번호	엘 누메로 데 라 아비따씨온, 쎄떼씨엔또스 뜨레쎄 El número de la habitación, setecientos trece

3인칭 단수 '그(남자)'를 나타내는 él 엘은 문두에 나와서 대문자로 쓸 때에는 아센또를 찍어도 되고 생략해도 된다.

대명사

	단 수		복 수	
1인칭	나	요 Yo	우리들	노소뜨로스 / 노소뜨라스(여) Nosotros / Nosotras
2인칭	너	뚜 Tú	너희들	보소뜨로스 / 보소뜨라스(여) Vosotros / Vosotras
3인칭	당신	우스뗃 usted	당신들	우스떼데스 Ustedes
	그(남자)	엘 él	그들	에요스 Ellos
	그녀	에야 ella	그녀들	에야스 Ellas

인사
기원
감사/사과
자기소개
부탁/희망
제안
약속
질문
가격
숫자
대명사
요일
월/일
시간/계절
가족
기본표현

요일

일요일	도밍고 domingo
월요일	루네스 lunes
화요일	마르떼스 martes
수요일	미에르꼴레스 miércoles
목요일	후에베스 jueves
금요일	비에르네스 viernes
토요일	싸바도 sábado
이번 주	에스따 쎄마나 esta semana
다음 주	라 쎄마나 께 비에네 la semana que viene
지난 주	라 쎄마나 빠사다 la semana pasada

월/일

1월	에네로 enero	10월	옥뚜브레 octubre
2월	페브레로 ferbrero	11월	노비엠브레 noviembre
3월	마르소 marzo	12월	디씨엠브레 diciembre
4월	아브릴 abril		
5월	마요 mayo	이 달	에스떼 메스 este mes
6월	후니오 junio	다음 달	엘 메스 쁘록씨모 el mes próximo
7월	훌리오 julio	지난 달	엘 메스 빠사도 el mes pasado
8월	아고스또 agosto		
9월	쎕띠엠브레 septiembre		

인사
기원
감사 사과
자기 소개
부탁 희망
제안
약속
질문
가격
숫자
대명사
요일
월/일
시간 계절
가족
기본 표현

시간 계절

시간	오라 **hora**	그저께	안떼아예르 anteayer
1시간	우나 오라 una hora	어제	아예르 ayer
반시간	메디아 오라 media hora	오늘	오이 hoy
분	미누또 minuto	내일	마냐나 mañana
초	세군도 segundo	모레	빠사도 마냐나 pasado mañana
오전	데 라 마냐나 de la mañana		
정오	메디오디아 mediodía	**계절**	에스따씨온 **estación**
오후	데 라 따르데 de la tarde	봄	쁘리마베라 primaverra
저녁	따르데 12시~ tarde 해 질 무렵	여름	베라노 verano
밤	노체 해 질 무렵 noche 이후~밤	가을	오또뇨 otoño
오늘밤	에스따 노체 esta noche	겨울	인비에르노 invierno

가족

한국어	스페인어	한국어	스페인어
할아버지	아부엘로 abuelo	손자	니에또 nieto
할머니	아부엘라 abuela	손녀	니에따 nieta
부모	빠드레스 padres	사위	예르노 yerno
아버지	빠드레 padre	며느리	누에라 nuera
어머니	마드레 madre	조카	소브리노(나) sobrino(a)
아내	에스뽀사 esposa	사촌	쁘리모(마) primo(a)
남편	에스뽀소 esposo	아저씨	띠오 tío
형제	에르마노 hermano	아주머니	띠아 tía
자매	에르마나 hermana	남성	옴브레 hombre
아들	이호 hijo	여성	무헤르 mujer
딸	이하 hija	소년	치코 chico
자녀	이호스 hijos	소녀	치카 chica

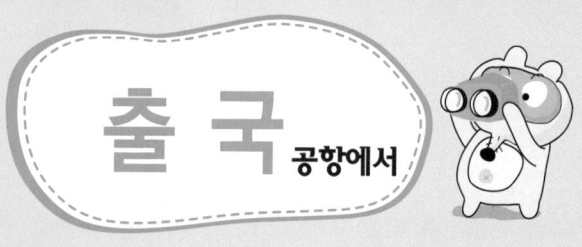

출국 공항에서

출국순서

탑승수속
여권, 항공권을 가지고 해당 항공사 데스크로 간다. 수하물이 있으면 탁송하고 Baggage Tag 탁송화물표 과 Boarding pass 탑승권 를 받는다.

세관신고
귀중품과 고가품은 세관에 신고하고 '휴대품 반출 확인서'를 받아야 귀국시 세금을 면제 받는다.

보안검색
수하물과 몸에 X선을 비춰 보안검사를 받는다.

출국심사
여권과 탑승권을 제시한다. 여권에 출국확인을 받고 돌려받은 후 출국심사대를 통과한다.

탑승대기
Dutyfree 면세점을 이용할 수 있고 출발 30분 전까지 해당 Gate 탑승구 앞으로 가서 기다린다.

액체·젤류의 휴대반입 제한

액체폭탄이 국제적인 큰 위협이 되면서, 2007. 3. 1부터 대한민국 내에 위치한 공항에서 출발하는 모든 국제선 항공편에 액체·젤류의 항공기내 휴대반입 제한조치를 하고 있다.

액체·젤류의 휴대반입 가능물품 안내 ※ 아래 조건을 모두 만족해야 함.

- **내용물 용량 한도 : 용기 1개당 100㎖ 이하, 총량 1ℓ**
- **휴대 기내반입 조건**
  - 1ℓ 규격의 투명 지퍼락 Zipper lock 비닐봉투 안에 용기 보관
  - 투명지퍼락 봉투크기:약20cm×20cm 에 담겨 지퍼가 잠겨있어야 함
  - 승객 1인당 1ℓ 이하의 투명 지퍼락 봉투는 1개만 허용
  - 보안검색대에서 X-ray 검색을 실시

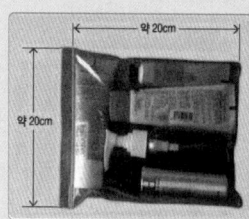

★ 반입가능

45㎖ 용기의 헤어 스프레이 / 50㎖ 용기의 구강청정제 / 75㎖ 용기의 핸드크림 / 100㎖ 용기의 치약 / 100㎖ 용기의 젤류 음료

★ 반입불가

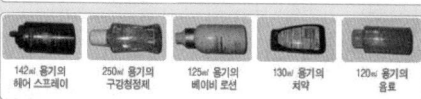

142㎖ 용기의 헤어 스프레이 / 250㎖ 용기의 구강청정제 / 125㎖ 용기의 베이비 로션 / 130㎖ 용기의 치약 / 120㎖ 용기의 음료

면세점 구입 물품 ※ 아래 조건을 모두 만족해야 함.

보안검색대 통과 후 또는 시내 면세점에서 구입 후 공항 면세점에서 전달받은 주류, 화장품등의 액체, 젤류는 아래 조건을 준수하는 경우 반입가능

- 투명 봉인봉투 Tamper-evident bag로 포장
- 투명 봉인봉투는 최종 목적지행 항공기 탑승 전에 개봉되었거나 훼손되었을 경우 반입금지
- 면세품 구입당시 교부받은 영수증이 투명 봉인봉투에 동봉 또는 부착된 경우에 한하여 용량에 관계없이 반입가능

※투명 봉인봉투는 면세점에서 물품구입 시 제공되므로 별도준비 불필요

※예외사항 – 항공여행 중 승객이 사용할 분량의 의약품 또는 유아 승객 동반한 경우 유아용 음식(우유, 음료수 등)의 액체, 젤류는 반입가능

출국

출국하기 2시간 전에 공항에 도착하여 탑승 수속을 마친다.

자주 쓰이는 표현 _ 1

- 제 좌석은 어디입니까?

  돈데 에스따 미 아씨엔또

  ¿Dónde está mi asiento?

···▶ 여기입니다.

  아끼 에스따

  Aquí, está.

바꿔 말하기

• 화장실	el servicio	엘 쎄르비씨오
• 호출버튼	el botón de llamada	엘 보똔 데 야마다
• 비상구	la salida de emergencia	라 살리다 데 에메르헨씨아
• 흡연구역	lu zona de fumar	루 소나 데 푸마르

탑승

기내에 탑승하면 스튜어디스에게 **탑승권**Boarding pass를 보여주고 좌석을 안내받는다.

 ː 자주 쓰이는 표현 _ 2 ː

- 핸드폰을 사용해도 됩니까?

    뿌에도 우사르 엘 모빌
    ¿Puedo usar el móvil?

···▶ 물론입니다.

    뽀르 수뿌에스또
    Por supuesto.

탑승
설비 사용
기내 서비스
출국

바꿔 말하기

- 자리를 옮기다   cambiar de asiento   깜비아르 데 아씨엔또
- 창가에 앉다   sentarme a la ventana   쎈따르메 알 라 벤따나

유용한 표현

▶ 탑승권을 보여주시겠습니까?

쎄뇨르 운 비예떼 뽀르 파보르
Señor, un billete por favor.

▶ 승객 여러분, 벨트를 매어 주십시오.

쎄뇨레스 빠사헤로스, 수제뗀세 로스 씬뚜로네스
¡Señores pasajeros, sujétense los cinturones!

▶ 가방은 좌석 아래에 두십시오.

꼬로께 수 말레띤 데바호 데 수 아씨엔또
Coloque su maletín debajo de su asiento.

▼ 이러면 됩니까?

에스따 비엔
¿Está bien?

▼ 자리를 바꾸고 싶습니다.

끼에로 깜비아르 데 아씨엔또
Quiero cambiar de asiento.

▼ 제 친구 옆에 앉고 싶습니다.

끼에로 쎈따르메 알 라도 데 미 아미고

Quiero sentarme al lado de mi amigo.

▼ 빈 자리가 있습니까?

아이 운 아씨엔또 리브레

¿Hay un asiento libre?

▼ 이 서류 작성법을 가르쳐주십시오.

엔쎄녜메 꼬모 에스끄리비르 에스떼 포르물라리오

Enséñeme cómo escribir este formulario.

▶ 여기 있습니다.

아끼 에스따

Aquí, está.

▼ 지금, 어디쯤 날고 있습니까?

뽀르 돈데 에스따모스 볼란도 아오라

¿Por dónde estamos volando ahora?

탑승

설비 사용

기내 서비스

출국

출국

기내 시설물에 대해 궁금한 점이 있으면 승무원에게 도움을 요청한다.

자주 쓰이는 표현 _ 1

- 한국어 잡지 있습니까?

    아이 레비스따스 엔 꼬레아노

    ¿Hay revistas en coreano?

⋯▶ 예, 있습니다.

    씨, 떼네모스

    Sí tenemos.

바꿔 말하기

- 신문   el periódicos   엘 베리오디꼬스
- 멀미주머니   bolsas para mareo   볼사스 빠라 마레오
- 이어폰   el auriculares   엘 아우리꿀라레스
- 담요   la manta   라 만따

설비사용

기내에는 비상약이 구비되어 있으므로 몸에 이상을 느낄 때는 즉시 도움을 요청한다.

 ### 자주 쓰이는 표현 _ 2

- 이것은 어떻게 사용합니까?

    꼬모 세 우사 에스또

    ¿Cómo se usa esto?

...▶ 네, 이렇게 하십시오.

    씨, 뿌에데 아쎄를로 아씨

    Sí, puede hacerlo así.

탑승

설비 사용

기내 서비스

출국

바꿔 말하기

- 당기다   tirar   띠라르
- 밀다   empujar   엠뿌하르

유용한 표현

▼ 영화가 잘 안 보입니다. 다른 빈자리 없습니까?

노 쎄 베 비엔 라 뻴리꿀라. 노 아이 오뜨로 아씨엔또 리브레

No se ve bien la película.
¿No hay otro asiento libre?

▶ 잠시만 기다려 주십시오.

에스뻬레 운 모멘또 뽀르 파보르

Espere un momento, por favor.

▼ 이 불은 어떻게 하면 꺼집니까?

꼬모 뿌에도 아빠가르 에스따 루스

¿Cómo puedo apagar esta luz?

▶ 버튼을 누르면 꺼집니다.

아쁘리에떼 에쎄 보똔 이 엔똔쎄쓰 쎄 아빠가라

Apriete ese botón y entonces se apagará.

▼ 담요를 주시겠습니까?

뿌에데 뜨라에르메 우나 만따

¿Puede traerme una manta?

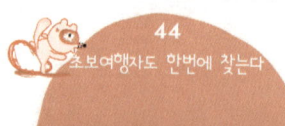

▶ 예, 여기 있습니다.

씨, 아끼 에스따
Sí, aquí está.

▼ 이어폰이 작동하지 않습니다.

로스 아우리꿀라레스 노 푼씨오난 비엔
Los auriculares no funcionan bien.

▼ 잡지 좀 갖다 주시겠습니까?

뿌에데 뜨라에르메 레비스따스
¿Puede traerme revistas?

▼ 의자를 뒤로 젖혀도 되겠습니까?

뿌에도 레끌리나르 엘 아씨엔또
¿Puedo reclinar el asiento?

▶ 예, 좋습니다.

씨, 뿌에데 아쎄를로
Sí, puede hacerlo.

탑승

설비 사용

기내 서비스

출국

출국

기내에서 제공되는 음료, 주류, 식사는 항공운임에 포함되어 있어 무료로 제공되며 부족할 때는 추가로 요구해도 된다.

 자주 쓰이는 표현 _ 1

- 무엇을 마시고 싶으세요?

  께 끼에레 베베르
  ¿Qué quiere beber?

···▶ 물 좀 주세요.

  아구아 뽀르 파보르
  Agua, por favor.

바꿔 말하기

• 맥주	una cerveza	우나 쎄르베사
• 오렌지쥬스	un jugo de naranja	운 후고 데 나랑하
• 커피	un café	운 까페
• 콜라	una coca cola	우나 꼬까 꼴라

초보여행자도 한번에 찾는다

기내서비스

자주 쓰이는 표현_2

- 기분이 어떠십니까?

  꼬모 쎄 씨엔떼 아오라?
  ¿Cómo se siente ahora?

  ...▶ 머리가 아픕니다.

  뗑고 돌로르 데 까베사
  Tengo dolor de cabeza.

탑승

설비 사용

기내 서비스

출국

바꿔 말하기

- 배   destómago   에스또마고
- 이(치아) dientes   디엔떼스
- 허리   cintura   씬뚜라
- 다리   una pierna   우나 삐에르나

유용한 표현

▼ 마실 것 좀 주세요.

알고 데 베비다 뽀르 파보르
Algo de beber, por favor.

▶ 차와 커피 중 어느 것을 드시겠습니까?

께 쁘레피에레 떼 오 까페
¿Qué prefiere té o café?

▼ 차 한 잔 주세요.

떼 뽀르 파보르
Té, por favor.

▶ 음식은 쇠고기, 닭고기, 생선이 있습니다.

빠라 꼬메르 아이 까르네 뽀요 이 뻬스까도
Para comer hay carne, pollo y pescado.

▼ 생선을 주세요.

뻬스까도 보르 빠보르
Pescado, por favor.

▼ 몸이 안 좋습니다.

메 씨엔또 말

Me siento mal.

▼ 멀미가 납니다.

에스또이 마레아도(다)

Estoy mareado(a).

▼ 약을 좀 주십시오.

뜨라이가메 우나 메디씨나 보르 파보르

Tráigame una medicina, por favor.

▼ 면세품을 살 수 있습니까?

뿌에도 꼼쁘라르 아르띠꿀로스 리브레스 데 임뿌에스또스

¿Puedo comprar artículos lebres de impuestos?

▼ 한국 화폐로 지불 가능합니까?

뿌에도 바가르 꼰 워네스

¿Puedo pagar con wones?

탑승

설비 사용

기내 서비스

출국

도움이 되는 **활용 어휘**

여권	pasaporte 빠사뽀르떼
승객	pasajero 빠사헤로
스튜어디스	amafata 아사화타
기장	capitán 까삐딴
창측	ventanilla 벤따니야
통로측	pasillo 빠씨요
금연	no fumador 노 푸마도르
흡연	fumador 푸마도르
좌석번호	número de asiento 누메로 데 아씨엔또
지연	retraso 레트라소
이륙	despeque 데스뻬께
착륙	aterrizaje 아떼리사헤
도착	llegada 예가다
시차	deferencia de horas 디페렌시아 데 오라스
현지시각	hora local 오라 로깔

탑승 · 설비사용

1등석	primera clase	쁘리메라 끌라쎄
2등석	segunda clase	쎄군다 끌라쎄
구명조끼	chaleco salvavidas	찰래꼬 쌀바비다스
산소마스크	mascarilla de oxigeno	마스까리야 데 옥씨헤노
이어폰	audífono	아우디포노
비어있는	libre	리브레
사용중	ocupado	오꾸빠도
신문	periódico	뻬리오디꼬
잡지	revista	레비스따
영화	película	뻴리꿀라
호출버튼	botón de llamada	보똔 데 야마다
독서등	luz para leer	루스 빠라 레에르
쿠션	cojín	꼬힌
담요	manta	만따

도움이 되는 활용 어휘

음료	bebida 베비다
물	agua 아구아
커피	café 까페
차	té 떼
맥주	cerveza 쎄르베사
와인	vino 비노
생선	pescado 뻬스까도
닭고기	pollo 뽀요
돼지고기	cerdo 쎄르도
소고기	carne de res 까르네 데 레스
쌀로 만든 요리	arroz 아로스
얼음	hielo 예로
무료	gratis 그라띠스
유료	no es gratis 노 에스 그라띠스
두통	dolor de cabeza 돌로르 데 까베스

기내서비스

복통	dolor de estómago	돌로르 데 에스또마고
멀미	mareo	마레오
발열	fiebre	피에브레
감기	resfriado	레스푸리아도
약	medicina	메디씨나
담배	cigarillo	씨가리뇨

입국

스페인은 대한민국 여권을 소지하였으면 3개월(90일)간 비자 없이 입국할 수 있으며, 2025년부터는 **ETIAS**(온라인 유럽 정보및 승인 시스템)를 시행하므로 확인하고 준비하자.

 입국순서

입국심사 Inmigración

입국심사대에 여권과 기내에서 작성한 세관신고서, 입국카"등을 함께 제출한다.

수하물 찾는 곳 Equipaje

입국심사를 끝내면 **equipaje** 수하물 찾는 곳 이라고 쓴 안내가 있는 곳으로 가서 비행기 편명이 표시된 턴테이블에서 짐을 찾는다. 수하물을 못 찾은 경우에는 수하물증을 직원에게 보여주고 찾아 달라고 한다.

세관신고 Aduana

면세한도
- 담배 200개피 또는 엽궐련 100개피
- 향수 ! : ! 일반 면세한도 내 구입가능 (최대 430유로, 2024년 기준)
- 술(알콜) ! : 알콜도수 22%이상 1ℓ !, 알콜도수 22% 펠균 2ℓ
- 현지 통화(유로) 및 외화의 반입은 비거주자는 합계 10,000유로 ! 상당액을 넘는 경우는 사전 신고가 필요하다.

통과 TRÁNSITO

목적지까지 가는 도중에 다른 국가의 공항에 들렀다 가는 경우가 있다. 이는 연료나 물의 보급을 위한 것인데 tránsito 통과라고 불리운다. 공항에 머무르는 동안에 대개 기내 청소를 하기 때문에 일단 비행기 밖으로 나가 대합실에서 대기한다.

환승 TRANSBORDO

도중에 공항에서 다른 비행기로 갈아타는 것을 말하며 목적지까지 직행 편을 가지고 있지 않는 항공회사의 비행기를 이용하는 경우, 일단 그 항공회사의 자국으로 가서 그곳에서 다른 비행기로 갈아타고 최종 목적지까지 간다. 그리고 맡긴 수하물은 체크인할 때에 '통과 through 취급'으로 해두면 목적지까지 운반해준다.

환전 CAMBIO

• **통화**

통화단위는 Euro 유로화 이다. 유로화는 2002년부터 EU 유럽연합에서 사용하는 유럽 단일통화의 이름이다.
유로는 7종의 지폐와 8종의 동전으로 구성되며 유로의 제작 발행은 각 나라가 독자적으로 실시한다.
[코인] 1·2·5·10·20·50(유로센트), 100·500(유로)의 8종류
[지폐] 5·10·20·50·100·200·500(유로)의 7종류

입국

입국심사 때 대부분 질문도 없이 입국스탬프를 찍어 주지만 간혹 물어보는 것은 체재일 수, 체재 목적, 체재지이며 돌아갈 항공권의 유무를 물을 때도 있다.

자주 쓰이는 표현 _ 1

- 여행 목적이 무엇입니까?

  꽐 에스 엘 모띠보 데 수 비아헤
  ¿Cuál es el motivo de su viaje?

···▶ 관광입니다.

  뚜리스모
  Turismo.

바꿔 말하기

- 사업   negocio   네고씨오
- 유학   estudio   에스뚜디오
- 친척방문 para visitar a un pariente   빠라 비시따르 아 운 빠리엔떼
- 배낭여행 viaje de mochilero   비아헤 데 모칠레로

입국심사

입국심사

세관신고

환전

입국

자주 쓰이는 표현_2

- 얼마나 머무를 생각이십니까?

    꾸안또스 디아스 삐엔사 께다르쎄
    ¿Cuántos días piensa quedarse?

···▶ 2주간 입니다.

    도스 쎄마나스
    Dos semanas.

바꿔 말하기

- 10일 diez días 디에스 디아스
- 1주일 una semana 우나 세마나
- 3개월 tres meses 뜨레스 메쎄스
- 1년 un año 운 아뇨

유용한 표현

▶ 혼자 여행하십니까?

에스따 비아칸도 쏠로

¿Está viajando solo?

▼ 예, 혼자 여행합니다.

씨, 에스또이 비아칸도 쏠로

Sí, Estoy viajando solo.

▶ 사업차입니까? 관광여행입니까?

뽀르 네고씨오 오 뽀르 뚜리스모

¿Por negocio o por turismo?

▼ 사업입니다.

네고씨오

Negocio.

▶ 스페인에는 처음 방문하십니까?

에스 라 쁘리메라 베스 께 비에네 아 에스빠냐

¿Es la primera vez que viene a España?

▼ 예, 처음입니다.

씨, 에스 라 쁘리메라 베스

Sí, es la primera vez.

▶ 어디서 숙박 하실 건가요?

돈데 바 아 오스뻬다르쎄

¿Dónde va a hospedarse?

▶ 돌아갈 비행기표를 가지고 있습니까?

띠에네 비예떼 데 부엘따

¿Tiene billete de vuelta?

▼ 예, 가지고 있습니다.

씨, 뗑고

Sí, tengo.

▶ 그럼 즐거운 여행이 되시길 바랍니다.

께 뗑가 부엔 비아헤

¡Que tenga buen viaje!

입국
심사

세관
신고

환전

입국

입국

입국심사를 마치면 짐을 찾고 세관검사를 받는데, 세관신고서를 작성하지 않는 나라도 있으나, 필요하면 신고서를 담당 세관원에게 제출한다.

자주 쓰이는 표현 _ 1

- 신고할 것이 있습니까?

  띠에네 알고 께 데끌라라르
  ¿Tiene algo que declarar?

···▶ 예, 카메라가 있습니다.

  씨, 뗑고 우나 까마라
  Sí, tengo una cámara.

바꿔 말하기

- 핸드백 bolso 볼소
- 술 alcohólicas 알꼬올리까스
- 담배 cigarrillos 씨가리요스
- 모피 · pieles bebidas 삐엘레스 베비다스

세관신고

 자주 쓰이는 표현 _ 2

입국심사

세관신고

환전

입국

- 이것은 무엇입니까?

  께 에스 에스또
  ¿Qué es esto?

⋯▶ 친구들을 위한 선물입니다.

  에스 운 레갈로 빠라 미 아미고
  Es un regalo para mi amigo.

바꿔 말하기

- 아버지 padre 빠드레
- 친척 un pariente 운 빠리엔떼
- 애인 novia 노비아
- 어머니 madre 마드레

유용한 표현

▼ 수하물을 찾고 싶습니다.

끼에로 레꼬헤르 엘 에끼빠헤
Quiero recoger el equipaje.

▼ 짐을 찾을 수가 없습니다.

노 뿌에도 엔꼰드라르 미 에끼빠헤
No puedo encontrar mi equipaje.

▶ 가방을 열어도 괜찮습니까?

끼에레 아브리르 라 볼사
¿Quiere abrir la bolsa?

▼ 신고할 물품은 없습니다.

노 뗑고 나다 데 데끌라라르
No tengo nada de declarar.

▶ 이 물건들은 판매하기 위한 것이 아닙니까?

손 에스따스 꼬사스 빠라 벤데르
¿Son estas cosas para vender?

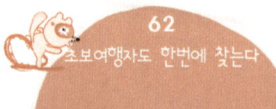

▶ 담배나 알콜음료를 가지고 있습니까?

예바 따바코 오 베비다스 알꼬올리까스
¿Lleva tabaco o bebidas alcohólicas?

▼ 없습니다.

노, 노 예보
No, no llevo.

▶ 이것은 무엇입니까?

께 에스 에스또
¿Qué es esto?

▼ 이 카메라는 제가 사용하는 것입니다.

에스따 까마라 에스 데 우소 뻬르소날
Esta cámara es de uso personal.

▶ 끝났습니다. 가셔도 좋습니다.

에스 또 도, 야 뿌에데 이르쎄
Es todo. Ya puede irse.

입국심사

세관신고

환전

입국

입국

보통 출발하기 전에 한국에서 환전을 하는데, 만약 환전을 하지 못했다면 도착지의 공항 환전소에서 교환하는 것이 좋다.

 자주 쓰이는 표현 _ 1

- 은행은 어디입니까?

  돈데 에스따 엘 방꼬

  ¿Dónde está el banco?

···▶ 대합실 옆에 있습니다.

  에스떼 알 라도 데 라 살라 데 에스뻬라

  Está al lado de la sala de espera.

바꿔 말하기

- 전화박스   la cabina de teléfono   라 까비나 데 뗄레포노
- 환전소   la casa de cambio   라 까사 데 깜비오

환전

특히 동전은 많이 쓰이므로 충분히 교환하도록 한다.
최근에는 트래블월렛 과 같은 여행 환전 앱을 이용한 환전과 전자 결제가 가능하므로 외화를 바로바로 충전해서 사용할 수 있다.

자주 쓰이는 표현 _ 2

- 어떤 돈을 원하십니까?

  께 끌라세 데 모네다 끼에레 우스뗃

  ¿Qué clase de moneda quiere usted?

- 잔돈으로 주십시오.

  수엘또 뽀르 파보르

  Suelto, por favor.

바꿔 말하기

- 지폐   billete   비예떼
- 달러   dolares   돌라레스
- 현금   efectivo   에펙띠보
- 유로   euros   에우로스

입국심사

세관신고

환전

입국

유용한 표현

▼ 이 근방에 환전소가 있습니까?

아이 우나 까사 데 깜비오 뽀르 아끼

¿Hay una casa de cambio por aquí?

▶ 네, 저쪽에 있습니다.

씨, 에스따 아이

Sí, está allí.

▼ 오늘의 환율은 어떻게 됩니까?

아 꼬모 에스따 엘 깜비오 오이

¿A cómo está el cambio hoy?

▼ 여행자 수표를 바꿀 수 있습니까?

쎄 뿌에덴 깜비아르 체께스 데 비아헤로

¿Se pueden cambiar cheques de viajero?

▶ 이 (환전)앱으로 결제 가능한가요?

뿌에도 빠가르 꼰 에스따 아플리까시온?

¿Puedo pagar con esta aplicación?

▼ 수령증을 주십시오.

엘 레씨보 뽀르 파보르
El recibo, por favor.

▼ 100유로 2장, 나머지는 잔돈으로 주십시오.

데메 도스 비예떼스 데 씨엔 에우로스 이 엘 레스또 수엘또
Deme dos billetes de 100 euros y el resto suelto.

▼ 계산이 잘못된 것 같습니다.

끄레오 께 아이 운 에로르 엔 엘 깔꿀로
Creo que hay un error en el cálculo.

▼ 수수료는 얼마입니까?

꾸안또 에스 데 꼬미시온
¿Cuánto es de comisión?

▶ 50유로입니다.

씬꾸엔따 에우로스
Cincuenta euros.

입국심사

세관신고

환전

입국

도움이 되는 활용 어휘

입국	inmigración	인미그라씨온
비자	visado	비사도
여권	pasaporte	빠싸뽀르떼
비거주자	no residente	노 레시덴떼
외국인	extranjero	에스뜨랑헤로
여행목적	objeto de la visita	오브헤또 데 라 비시따
사업	negocio	네고씨오
관광	turismo	뚜리스모
유학	estudio	에스뚜디오
목적지	destino	데스띠노
단체	grupo	그루뽀
개인	individual	인디비쥬알
나이	edad	에닫
이름	nombre	놈브레
성	apellido	아뻬이도

입국심사

국적	nacionalidad	나씨오날리닫
주소	dirección	디렉씨온
생년월일	fecha de nacimiento	페차 데 나씨미엔또
출생지	lugar de nacimiento	루가르 데 나씨미엔또
남자	Hombre	옴브레
여자	Mujer	무헤르
거주지	domicilio	도미씰리오
여권번호	número de pasaporte	누메로 데 빠사뽀르떼
발급기관	autoridad emisora	아우또리닫 에미소라
체류기간	duración de la estancia	두라씨온 데 라 에스딴씨아
입국카드	tarjeta de entrada	따르헤따 데 엔뜨라다
ETIAS	European Travel Information and Authorization System 유럽 여행 정보 및 승인 시스템	

도움이 되는 활용 어휘

수하물	equipaje 에끼빠헤
가방	maleta 말레따
배낭	mochila 모칠라
핸드백	bolso 볼소
지갑	billetera 비예떼라
수하물 취급소	facturación 팍뚜라씨온
분실	pérdida 뻬르디다
분실물	objeto perdido 오브헤도 뻬르디도
인수하다	recoger 레꼬헤르
찾다	buscar 부스까르
요구하다	reclamar 레끌라마르
세관	aduana 아두아나
신고하다	declarar 데끌라라르
관세법	derecho de aduana 데레쵸 데 아두아나
과세	gravado con impuesto 그라바도 꼰 임뿌에스또

세관검사

면세	exento de impuesto	엑쎈또 데 임뿌에스또
세금	impuesto	임뿌에스또
현금	dinero en efectivo	디네로 엔 에펙띠보
여행자수표	cheque de viajero	체께 데 비아헤로
담배	tabaco	따바코
술	bebida alcohólica	베비다 알꼬홀리까
한국음식	comida coreana	꼬미다 꼬레아나
개인용품	de uso personal	데 우소 뻬르소날
선물	regalo	레갈로
향수	perfume	뻬르푸메
귀금속	joyas	호야스
와인	Vino	비노
명품 가방	bolso de lujo	볼소 데 루호

도움이 되는 활용 어휘

환전소	oficina de cambio de moneda 오피씨나 데 깜비오 데 모네다
은행	banco 방꼬
지폐	billete 비예떼
잔돈	suelto 수엘또
동전	moneda 모네다
수수료	comisión 꼬미씨온
계산서	recibo 레씨보
서명	firma 피르마
환율	tipo de cambio 띠뽀 데 깜비오
예금	depósito 데뽀지또
환전앱	raplicación de cambio de divisas 아쁠리카씨온 데 깜비오 데 디비사스
한화	won surcoreano 원 수르코레아노
달러	dólar(es) 돌라르(돌라레스)
유로	euro(s) 에우로(스)

교통

마드리드-바라하스 국제 공항 Barajas Airport Madrid:MAD 은 유럽 및 전 세계로 가는 다양한 항공이 취항하는 공항이다.
지하철은 바라하스 Barajas 역으로 편리하게 이동할 수 있다.

지하철 METRO

35개의 노선이 오전 6시부터 새벽 1시까지 운행을 하며 주요관광지와 국철역이 연결되어 있어 편리하다.
뗏콱겟뷔! 렀은 **갭쌉촹궦뺌춈콩** Correspondencia 라는 빨간 표시, **ㄴ롱**는 **짤앗빌** Salida 이다.
바르셀로나와 마찬가지로 마드리드도 지하철과 버스를 동일한 티켓으로 이용할 수 있다. 마드리드 시내관광은 정액권을 이용하는 것이 경제적이다.

초고속열차 아베 AVE

마드리드와 세비야를 잇는 Alta Velocidad Española의 약칭으로 스페인어로 '새'를 뜻한다. AVE는 시속 300km로 마드리드, 세비야를 경유하여 코르도바까지 운행하며 탑승 시 좌석에 따라 잡지와 비디오 등의 클럽 엑스트라 서비스를 제공한다.
탑승은 예약에 의해서만 가능하며, 유레일 티켓은 통용되지 않는다.

버스 AUTOBÚS

시벨레스 광장을 기점으로 00:00~05:00에는 나이트 버스, 오전 6시부터 24:00까지 정규 노선이 운행한다. 버스의 색에 따라 두 가지의 노선버스가 있으며 노선이 그물망처럼 연결되어 있지만 현지 지리에 익숙하지 않으면 이용하기가 불편하므로 사전에 타고 내릴 곳을 정확히 확인 후 이동해야 한다.

택시 TAXI

기본 요금은 대략 1.7 유로 정도이나 심야, 경축일, 일요일, 공항 행인 경우에는 할증이 붙고, 5~10%의 팁을 주어야 한다. 앞에 'Libre'라고 쓰여 있는 차가 빈 택시이며 대부분 어느 곳에서나 탈 수 있다.

렌터카 alquiler de coches

Avis나 Hertz와 같은 큰 회사는 한국에서도 예약이 가능하다. 또 타기 전에 반드시 정비가 잘 되어 있는지를 점검하도록 한다. 차를 빌릴 때는 국제운전면허증과 신용카드가 필요하다.

교통

마드리드 바라하스 국제공항에서 도심까지는 약 13km 떨어져 있으며 보통 공항 지하철역인 바라하스 역에서 지하철을 이용해서 이동하는 것이 가장 편하다.

 자주 쓰이는 표현 _ 1

- 뿌에르따 델 쏠에는 어떻게 갑니까?

  꼬모 뿌에도 이르 아 라 뿌에르따 델 쏠
  ¿Cómo puedo ir a la Puerta del sol?

···▶ 지도를 그려 드리겠습니다.

  보이 아 디부카르레 엘 마빠
  Voy a dibujarle el mapa.

바꿔 말하기

- 똘레도   Toledo   똘레도
- 알람부라궁전 Alhambra   알람브라
- 바르셀로나   Barcelona   바르셀로나
- 살라망카   Salamanca   살라망까

길묻기

지하철 8호선을 타고 시내로 가면 되는데 공항 출발은 기본요금과 공항추가요금이 있다. 그 밖에 버스나 택시를 이용할 수 있다.

 자주 쓰이는 표현 _ 2

- 버스정류장이 어디입니까?

  돈데 에스따 라 빠라다 데 아우또부스

  ¿Dónde está la parada de autobús?

⋯▸ 곧장 가십시오.

  바야 우스뗄 또도 렉또

  Vaya usted todo recto.

길묻기

기차
전철

택시

버스

렌트카

교통

바꿔 말하기

- **기차역**　la estación del tren　　라 에스따시온 델 뜨렌
- **전철역**　la estación del metro　라 에스따시온 델 메뜨로
- **공항**　　el aeropuerto　　　　　엘 아에로뿌에르또
- **항구**　　el puerto　　　　　　　엘 뿌에르또

유용한 표현

▼ 길을 잃었습니다.

에스또이 뻬르디도
Estoy perdido.

▶ 어디로 가십니까?

아 돈데 바 우스뗄
¿A dónde va usted?

▼ 여기가 어디입니까?

돈데 에스따모스
¿Dónde estamos?

▼ 이 주소를 찾고 있습니다.

에스또이 부스깐도 에스따 디렉씨온
Estoy buscando esta dirección.

▶ 이 길 따라 곧장 가세요.

씨가 에스따 까예 또도 데레쵸
Siga esta calle todo derecho.

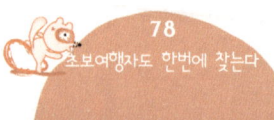

▼ 거기까지 걸어서 갈 수 있습니까?

뿌에도 이르 아이 안단도
¿Puedo ir allí andando?

▼ 걸어서 얼마나 걸립니까?

꾸안또 쎄 따르다 안단도
¿Cuánto se tarda andando?

▶ 10분 안에 도착합니다.

뿌에데 예가르 엔 디에스 미누또스
Puede llegar en diez minutos.

▼ 지름길이 있습니까?

아이 알군 아따코
¿Hay algún atajo?

▼ 여기서 거기까지 얼마나 걸립니까?

꾸안또 띠엠뽀 쎄 따르다 아스따 아야
¿Cuánto tiempo se tarda hasta allá?

길묻기

기차
전철

택시

버스

렌트카

교통

교통

기차를 탔을 때 주의해야 할 사항은 객차가 도중에 다른 목적지로 떨어져 나가는 수가 있으므로 사전에 반드시 객차에 기재되어 있는 행선지를 확인하여야 한다.

 ## 자주 쓰이는 표현 _ 1

- 1등석으로 주세요.

  쁘리메라 끌라세 뽀르 파보르
  Primera clase, por favor.

...▶ 여기 있습니다.

  아끼 띠에네
  Aquí, tiene.

바꿔 말하기

- 2등석   Segunda clase   쎄군다 끌라세
- 입석   De pie   데 삐에
- 금연석   No fumador   노 푸마도르
- 흡연석   Fumador   푸마도르

기차/전철

 ## 자주 쓰이는 표현 _ 2

- 똘레도까지 요금이 얼마입니까?

  꾸안또 꾸에스따 아스따 똘레도
  ¿Cuánto cuesta hasta Toledo?

···▶ 100유로 입니다.

  씨엔 에우로스
  Cien euros.

바꿔 말하기

- 세비야   Sevilla   세비야
- 아랑후에스   Aranjués   아랑후에스
- 안달루씨아   Andalucía   안달루씨아
- 바르셀로나   Barcelona   바르셀로나

길묻기

기차 전철

택시

버스

렌트카

교통

유용한 표현

▼ 열차 시간표를 주십시오.

데메 엘 오라리오 데 뜨레네스 뽀르 파보르
Déme el horario de trenes, por favor.

▼ 지하철 노선도를 주십시오.

엘 마빠 데 리네아스 델 메뜨로 뽀르 파보르
El mapa de líneas del metro, por favor.

▼ 표는 어디에서 삽니까?

돈데 뿌에도 꼼쁘라르 엘 비예떼
¿Dónde puedo comprar el billete?

▼ 바르셀로나에 가고자 합니다.

끼에로 이르 아 바르셀로나
Quiero ir a Barcelona.

▼ 기차가 몇 시에 출발합니까?

아 께 오라 살레 엘 뜨렌
¿A qué hora sale el tren?

▶ **10시에 출발합니다.**

알 라스 디에스
A las diez.

▶ **편도로 드릴까요? 왕복으로 드릴까요?**

이다 오 이다 이 부엘따
¿Ida o ida y vuelta?

▼ **왕복으로 주십시오.**

이다 이 부엘따 뽀르 파보르
Ida y vuelta, por favor.

▼ **돌아오는 기차는 몇 시에 있습니까?**

아 께 오라 살레 엘 뜨렌 데 레그레쏘
¿A qué hora sale el tren de regreso?

▶ **오후 5시에 있습니다.**

아 라스 씬꼬 데 라 따르데
A las cinco de la tarde.

길묻기

**기차
전철**

택시

버스

렌트카

교통

유용한 표현

▼ 학생 할인 티켓으로 주십시오.

운 비예떼 꼰 레바카 빠라 에스뚜디안떼스
Un billete con rebaja para estudiantes.

▼ 요금은 얼마입니까?

꾸안또 꾸에스따
¿Cuánto cuesta?

▶ 20유로입니다.

베인떼 에우로스
Veinte euros.

▼ 시간이 얼마나 걸립니까?

꾸안또 띠엠뽀 따르다
¿Cuánto tiempo tarda?

▶ 3시간 정도 걸립니다.

따르다 뜨레스 오라스
Tarda tres horas.

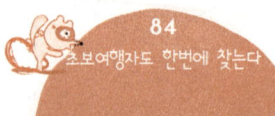

▼ 똘레도에 가려면 어디서 기차를 갈아타야 합니까?

엔 돈데 뗑고 께 깜비아르 데 뜨렌 빠라 이르 아 또레도
¿En dónde tengo que cambiar de tren para ir a Toledo?

▶ 마드리드에서 갈아타십시오.

띠에네 께 깜비아르 데 뜨렌 엔 마드릳
Tiene que cambiar de tren en Madrid.

▼ 이 열차는 똘레도에 갑니까?

바 에스떼 뜨렌 아 또레도
¿Va este tren a Toledo?

▼ 다음 역은 어디입니까?

꾸알 에스 라 쁘록씨마 에스따씨온
¿Cuál es la próxima estación?

▼ 쁠라사 데 에스빠냐 스페인광장 로 나가는 출구가 어느 것입니까?

꾸알 에스 라 살리다 아 라 쁠라사 데 에스빠냐
¿Cuál es la salida a la Plaza de España?

길문기

기차 전철

택시

버스

렌트카

교통

교통

택시는 급할 때나 목적지까지 길을 모를 때 편리하며 요금은 차의 색깔과 도시에 따라 틀리다.

자주 쓰이는 표현 _ 1

- 어디로 가시겠습니까?

  아 돈데 바 우스뗄
  ¿A dónde va usted?

···▶ 플라사 데 에스파냐로 가주세요.

  알 라 쁠라사 데 에스빠냐 뽀르 파보르
  A la Plaza de España, por favor.

바꿔 말하기

- 프라도 박물관   al Museo del Prado   알 무세오 델 쁘라도
- 축구장   al campo de fútbol   알 깜뽀 데 풋볼
- 투우장   a la plaza de toros 아 라 쁠라사 데 또로
- 야구장   a la Plaza Mayor   아 라 쁠라사 마요르

택시

자주 쓰이는 표현 _ 2

- 택시 정류장은 어디 있습니까?

  돈데 에스따 라 빠라다 데 딱시스
  ¿Dónde está la parada de taxis?

···▶ 똑바로 걸어가세요.

  바야 또도 데레쵸
  Vaya todo derecho.

길묻기

기차
전철

택시

버스

렌트카

교통

바꿔 말하기

- 지하철　　　el metro　　　　　　　　엘 메뜨로
- 버스 정류장　la parada de autobús　　라 빠라다 데 아우또부스
- 기차역　　　la estación　　　　　　　라 에스따씨온

유용한 표현

▼ 택시를 불러 주세요.

운 딱시 뽀르 파보르
Un taxi, por favor.

▶ 어디까지 가십니까?

아 돈데 바 우스뗃
¿A dónde va usted?

▼ 알람브라 궁전까지 부탁합니다.

알 라 알람브라 뽀르 파보르
A la Alhambra, por favor.

▼ 이 주소까지 부탁합니다.

아 에스따 디렉씨온 뽀르 파보르
A esta dirección, por favor.

▼ 빨리 가 주세요.

마스 라삐도 뽀르 파보르
Más rápido, por favor.

▼ 여기 세워 주십시오.

빠레 아끼 뽀르 파보르
Pare aquí, por favor.

▼ 여기서 잠시만 기다려 주세요.

에스뻬레 아끼 운 모멘또 뽀르 파보르
Espere aquí un momento, por favor.

▶ 다 왔습니다.

아끼 에스따모스
Aquí estamos.

▼ 프라도 박물관까지 얼마입니까?

꾸안또 꾸에스타 아스따 엘 쁘라도
¿Cuánto cuesta hasta el Prado?

▼ 잔돈은 가지십시오.

께데세 엘 깜비오
Quédese el cambio.

길묻기

기차
전철

택시

버스

렌트카

교통

교통

버스 내 안내 방송은 없고 복잡해서 현지 지리에 익숙하지 않으면 이용하기가 불편하므로 사전에 타고 내릴 곳을 정확히 확인 후 이용해야 한다.

자주 쓰이는 표현 _ 1

- 매표소는 어디에 있습니까?

  돈데 에스따 라 따끼야
  ¿Dónde está la taquilla?

⋯▶ 1층에 있습니다.

  에스따 엔 엘 삐소 바호
  Está en el piso bajo.

바꿔 말하기

- 건너편에　　al otro lado　　　알 오뜨로 라도
- 왼쪽에　　　a la izquierda　　알 라 이스끼에르다
- 오른쪽에　　a la derecha　　 알 라 데레차
- 뒤쪽에　　　atrás　　　　　　아뜨라스

버스

자주 쓰이는 표현 _ 2

- 박물관에 가는 버스는 몇 번입니까?

  께 누메로 데 아우또부스 바 알 무세오

  ¿Qué número de autobús va al museo?

···▶ 3번버스를 타세요.

  또메 엘 누메로 뜨레스

  Tome el número tres.

바꿔 말하기

- 4번   cuatro   꽈뜨로
- 15번   quince   낀쎄
- 607번   seiscientos siete   세이스씨엔또스 씨에떼
- 103번   ciento tres   씨엔또 뜨레스

길묻기

기차 전철

택시

버스

렌트카

교통

유용한 표현

▼ 버스정류장이 어디에 있습니까?

돈데 에스따 라 빠라다 델 아우또부스
¿Dónde está la parada del autobús?

▶ 이 길의 끝에 있습니다.

알 피날 데 에스따 까예
Al final de esta calle.

▼ 프라도 박물관에 가는 버스가 어디에서 정차합니까?

돈데 빠라 엘 아우또부스 께 바 알 쁘라도
¿Dónde para el autobús que va al Prado?

▶ 건너쪽입니다.

알 오뜨로 라도
Al otro lado.

▼ 이 버스는 프라도 박물관까지 갑니까?

바 에스떼 아우또부스 알 쁘라도
¿Va este autobús al Prado?

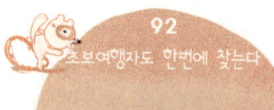

▶ 예, 타십시오.

씨, 쎄뇨르 수바 우스뗄
Sí, señor. suba usted.

▼ 프라도까지 얼마입니까?

꽌또 꾸에스따 아스따 엘 쁘라도
¿Cuánto cuesta hasta el Prado?

▶ 2유로입니다.

도스 에우로스
Dos euros.

▼ 프라도에 가려면 어디서 내립니까?

엔 돈데 바호 빠라 이르 알 쁘라도
¿En dónde bajo para ir al Prado?

▶ 다음 역에서 내리십시오.

바헤 우스뗄 라 시기엔떼 빠라다
Baje usted en la siguiente parada.

길묻기

기차
전철

택시

버스

렌트카

교통

유용한 표현

▼ 세고비야행 버스가 언제 출발 합니까?

아 께 오라 살레 엘 아우또부스 빠라 세고비야
¿A qué hora sale el autobús para Segovia?

▼ 다음 버스는 몇 시에 출발 합니까?

아 께 오라 살레 엘 쁘록씨모 아우또부스
¿A qué hora sale el próximo autobús?

▼ 다음 정거장 이름이 무엇입니까?

꼬모 쎄 야마 라 쁘록씨마 빠라다
¿Cómo se llama la próxima parada?

▼ 이 버스는 쁠라사 데 에스빠냐에 갑니까?

빠라 에스떼 아우또부스 엔 라 쁠라사 데 에스빠냐
¿Para este autobús en la Plaza de España?

▼ 막차는 몇 시에 있습니까?

아 께 오라 살레 엘 울띠모 아우또부스
¿A qué hora sale el último autobús?

▶ 막차는 11시에 있습니다.

알 라스 온쎄
A las once.

▼ 어디에서 내려야 합니까?

엔 돈데 뗑고 께 바하르
¿En dónde tengo que bajar?

▶ 다음 정거장에서 내리십시오.

바헤 우스뗃 엔 라 쁘록씨마 빠라다
Baje usted en la próxima parada.

길묻기

기차
전철

택시

버스

렌트카

교통

교통

차를 운전할 때 조심해야 하며 빌리기 전에 차량정비를 꼭 확인한다.

 자주 쓰이는 표현 _ 1

- 소형차를 빌리고 싶습니다.

    끼에로 알낄라르 운 꼬체 뻬께뇨

    Quiero alquilar un coche pequeño.

···▶ 잠시만 기다려 주십시오.

    에스뻬레 운 모멘또

    Espere un momento.

바꿔 말하기

- 중형 mediano 메디아노
- 오토 automático 아우또마띠꼬
- 대형 grande 그란데
- 스틱(기어) engranaje 엔그라나헤

렌트카

 ## 자주 쓰이는 표현 _ 2

- 이 차를 24시간 빌려 주십시오.

  데세오 알낄라르 에스떼 꼬체 베인띠꽈뜨로 오라스
  Deseo alquilar este coche 24 horas.

- 여기 요금표가 있습니다.

  아끼 에스따 라 리스따 데 쁘레씨오스
  Aquí, está la lista de precios.

길묻기

기차 전철

택시

버스

렌트카

교통

바꿔 말하기

- 3일 tres días 뜨레스 디아스
- 1주일 una semana 우나 쎄마나
- 2주일 dos semana 도스 쎄마나스
- 10일 diez días 디에스 디아스

유용한 표현

▼ 어디서 렌트카를 빌립니까?

엔 돈데 뿌에도 알낄라르 운 꼬체
¿En dónde puedo alquilar un coche?

▶ 호텔에 렌트카 사무실이 있습니다.

엔 엘 오텔 아이 우나 아헨씨아 데 알낄라르 데 꼬체스
En el hotel hay una agencia de alquilar de coches.

▼ 차를 빌리고 싶습니다.

끼에로 알낄라르 운 꼬체
Quiero alquilar un coche.

▼ 어떤 모델들이 있습니까?

께 모델로스 띠에넨
¿Qué modelos tienen?

▶ 어떤 차를 원하십니까?

께 꼬체 끼에레
¿Qué coche quiere?

▼ 요금표를 보여 주시겠습니까?

라 리스따 데 쁘레씨오스 뽀르 파보르
La lista de precios, por favor.

▼ 보증금은 얼마입니까?

꾸안또 에스 라 피안사
¿Cuánto es la fianza?

▼ 보험에 들겠습니다.

끼에로 아쎄구라르메
Quiero asegurarme.

▼ 차를 바르셀로나에서 반납할 수 있습니까?

뿌에도 엔뜨레가르 엘 꼬체 엔 바르셀로나
¿Puedo entregar el coche en Barcelona?

▼ 고장났습니다.

엘 꼬체 노 안다 비엔
El coche no anda bien.

길묻기

기차 전철

택시

버스

렌트카

교통

도움이 되는 활용 어휘

건물	edificio	에디피씨오
길	camino	까미노
거리	calle	까예
다리	puente	뿌엔떼
(도시의)구	barrio	바리오
장소	lugar	루가르
모퉁이	esquina	에스끼나
위치	sitio	씨띠오
교차로	cruce	끄루세
지도	mapa	마빠
지름길	atajo	아따코
여기	aquí	아끼
앞에	delante	델란떼
뒤에	detrás	데뜨라스
옆	lado	라도

길묻기

오른쪽	derecha	데레차
왼쪽	izquierda	이스끼에르다
주소	dirección	디렉씨온
안내	Informatión	인포르마씨온
따라가다	seguir	쎄기르
되돌아가다	regresar	레그레사르
걸어서	a pie	아 피에
버스로	en autobús	엔 아우또부스
지하철로	en metro	엔 메트로
기차로	en tren	엔 뜨렌
택시로	en taxi	엔 탁시

도움이 되는 **활용 어휘**

고속열차	AVE 아베
보통열차	tren ordinario 뜨렌 오르디나리오
급행열차	tren expreso 뜨렌 엑스쁘레소
특급열차	tren rápido 뜨렌 라삐도
침대차	el coche cama 엘 꼬체 까마
식당차	el coche comedor 엘 꼬체 꼬메도르
대합실	sala de espera 살라 데 에스뻬라
승차권	billete 비예떼
편도	ida 이다
왕복	ida y vuelta 이다 이 부엘따
시간표	horario 오라리오
역	estación 에스따씨온
1등석	primera clase 쁘리메라 끌라세
2등석	segunda clase 세군다 끌라세
요금	tarifa 따리파

기차/전철

입구	entrada	엔뜨라다
출구	salida	살리다
늦은	tarde	따르데
빠른	temprano	뗌쁘라노
~에서	desde	데스데
~까지	hasta	아스따
좌석이 **찬**	ocupado	오꾸빠도
좌석이 **빈**	libre	리브레

도움이 되는 활용 어휘

빈 택시	taxi libre 딱시 리브레
택시 정류장	parada de taxi 빠라다 데 딱시
요금	derecho 데레초
경찰서	policía 뽈리씨아
공중전화	teléfono público 뗄레포노 쁘불리꼬
교회	iglesia 이글레시아
시장	mercado 메르까도
극장	teatro 떼아뜨로
박물관	museo 무세오
해안	costa 꼬스따
대학	universidad 우니베르시닫
공원	parque 빠르께
광장	plaza 쁠라사
직진하다	marchar derecho 마르차르 데레초
강	río 리오

택시

동	este	에스떼
서	oeste	오에스떼
남	sur	수르
북	norte	노르떼
로터리	glorieta	글로리에따
거스름돈	vuelta	부엘따
팁	propina	쁘로삐나
미터기	taxímetro	따씨메트로
트렁크	maletero	말레떼로
택시호출 앱	FREENOW	프리나우
택시호출 앱	Cabify	카비파이
택시 호출 앱	Uber	우베르

도움이 되는 활용 어휘

버스	autobús	아우또부스
버스표	ficha de autobús	피차 데 아우또부스
요금	tarifa	따리파
차표	billete	비예떼
시내버스	autobús urbano	아우또부스 우르바노
장거리버스	autobús foráneo	아우또부스 포라네오
직행버스	autobús directo	아우또부스 디렉또
관광버스	autobús de turismo	아우또부스 데 뚜리스모
버스터미널	terminal de autobús	떼르미날 데 아우또부스
정류장	parada	빠라다
운전기사	chófer	초페르
노선도	plano de ruta	쁠라노 데 루따
시각표	horario	오라리오
자동차	coché	꼬체
대형	grande	그란데
중형	mediano	메디아노

버스 · 렌트카

브레이크	freno 프레노
타이어	rueda 루에다
악셀	acelerador 악쎌레라도르
라이트	faros 파로스
배터리	batería 바떼리아
백미러	espejo retrovisor 에스뻬호 레뜨로비소르
윤활유	aceite 아쎄이떼
가솔린	gasolina 가솔리나
도로지도	mapa de carreteras 마빠 데 까레떼라스
고속도로	autopista 아우또삐스따
주차장	aparcamiento 아빠르까미엔또
사고	accidente 악씨덴떼
신호등	semáforo 쎄마포로
주차금지	Prohibido estacionarse 쁘로이비도 에스따씨오나르쎄
통행금지	Prohibido el paso 쁘로이비도 엘 빠소
국제운전면허증	licencia internacional para manejar 리쎈씨아 인떼르나씨오날 빠라 마네하르

숙박

다양한 숙박시설이 많기 때문에 공항, 역, 버스터미널에 있는 숙박 예약 센터에서 큰 축제 등 성수기를 제외하고 쉽게 예약할 수 있다.
하지만 호텔은 각종 국제회의 등이 수시로 개최되는 관계로 예약치 않으면 숙소를 구할 수 없을 때도 있다.

숙박시설의 종류

- Parador

  스페인에서만 볼 수 있는 특별한 숙박 시설. 옛 성이나 궁전 등 역사적인 건물을 개조하여 최상급 수준의 호텔 시설과 서비스를 제공한다.

- Hotel

  5등급으로 나뉘며 별의 개수로 등급을 표시한다. 호텔은 레스토랑의 유무에 따라 후자의 경우를 Hotel Residencia라고 하며 레스토랑이 없는 대신에 카페나 바 등이 있으며 아침 식사와 룸 서비스를 제공받을 수 있다.

- Hostal

  호텔과 비슷한 숙박시설로 보통 건물의 한 층 정도로 이루어져 있으며 별 1개에서 3개로 등급이 분류된다. 레스토랑이 없는 경우 Hostal Residencia라고 한다.

- Albergue Juvenil : 유스 호스텔

- Pension

  지방에서 주로 볼 수 있는 여관과 비슷한 숙박 시설로 별 1~3개로 등급이 분류된다. 저렴한 요금과 스페인의 생활에 접할 수 있다.

- Casa do Huespedes : 주로 지방에 있는 저렴한 숙박 시설

※ 숙박시설 이용 시 주의할 점

- 호텔 문(유리문 포함)은 닫으면 자동으로 잠기게 되므로 밖으로 나갈 때는 반드시 열쇠를 가지고 나가야 한다. 문이 잠겼을 경우 프론트나 층별 담당직원에게말하면 문을 열어 주지만 이 때는 팁을 주어야 한다.
- 객실 냉장고 안에 들어있는 음료, 스낵, 알코올은 유료이다.
- 욕실 안에는 물이 빠지는 하수구가 욕조 안에 한 개 밖에 없기 때문에 샤워도 욕조 안에서 해야 한다.
- Hostal은 호텔과 달리 건물의 한 층 정도만 사용한다. 때문에 투숙객 이외의 사람들도 왕래하므로 귀중품을 주의해야 한다.

※ 스페인 여행 시 주의할 점

- 의약분업으로 인해, 의사의 처방전이 없으면, 원칙적으로 약국에서 약을 구입할 수 없으므로 상비약은 한국에서 가져가는 것이 좋다. 다만 가루약은 오해의 소지가 있으므로 피하는 것이 좋다.
- 마드리드 시내를 제외하면 수돗물을 음용하지 않는 것이 좋다.

숙박

별 4개 이상의 호텔은 한국에서 미리 예약이 가능하지만 기타의 숙박시설은 현지의 관광안내소 등에서 예약한다.

자주 쓰이는 표현 _ 1

- 무엇을 도와 드릴까요.

    엔 께 뿌에도 쎄르비를레
    ¿En qué puedo servirle?

···▶ 조용한 방을 원합니다.

    끼에로 우나 아비따씨온 뜨랑낄라
    Quiero una habitación tranquila.

바꿔 말하기

- 깨끗한   limpia   림삐아
- 값싼   barata   바라따
- 전망 좋은   con buena vista   꼰 부에나 비스따
- 바다가 보이는   con vista al mar   꼰 비스따 알 마르

체크인

자주 쓰이는 표현 _ 2

- 욕실 딸린 방이 있습니까?

  아이 우나 아비따씨온 꼰 바뇨

  ¿Hay una habitación con baño?

⋯▶ 예, 있습니다.

  씨, 떼네모스

  Sí, tenemos.

체크인
룸서비스
시설이용
체크아웃
숙박

바꿔 말하기

- 샤워실   con ducha   꼰 두차
- 베란다가 딸린   con balcón   꼰 발꼰
- 욕실 없는   sin baño   씬 바뇨
- 침대가 2개 있는 con dos camas 꼰 도스 까마스

유용한 표현

▼ 지금 체크인 할 수 있습니까?

뿌에도 엔뜨라르 엔 엘 오뗄 아오라

¿Puedo entrar en el hotel ahora?

▶ 예, 할 수 있습니다.

씨, 뿌에데

Sí, puede.

▶ 죄송합니다. 지금 빈방이 없습니다.

로 씨엔또, 노 아이 우나 아비따씨온 리브레

Lo siento. No hay una habitación libre.

▶ 예약 하셨습니까?

띠에네 레쎄르바씨온

¿Tiene reservación?

▼ 예약 했습니다.

씨, 에 레쎄르바도

Sí, he reservado.

▼ 더블룸으로 주세요.

우나 아비따씨온 도블레 뽀르 파보르
Una habitación doble, por favor.

▶ 얼마나 숙박하십니까?

꾸안또 띠엠뽀 쎄 오스뻬다라
¿Cuánto tiempo se hospedará?

▼ 3일 밤 입니다.

뜨레스 노체스
Tres noches.

▼ 아침 식사 요금이 포함되어 있습니까?

에스따 인끌루이도 엘 데사유노
¿Está incluido el desayuno?

▼ 제 방으로 안내해 주십시오.

뽀드리아 기아르메 아 미 아비따씨온
¿Podría guiarme a mi habitación?

체크인

룸
서비스

시설
이용

체크
아웃

숙박

숙박

룸서비스란 식사의 배달, 호텔 방의 정돈, 모닝콜, 세탁 등을 해주는 서비스를 말한다.

자주 쓰이는 표현 _ 1

- 룸서비스입니다.

  에스 엘 쎄르비씨오 아비따씨오네스

  Es el servicio de habitaciones.

⋯▶ 베개 를 가져다 주세요.

알모아다 뽀르 파보르

almohada, por favor.

바꿔 말하기

- 비누   un jabón   운 카본
- 아침식사   desayuno   데싸유노
- 샴푸   champú   참푸
- 타월   una toalla   우나 또아야

룸서비스

보통 호텔 객실에 있는 전화기 옆에 해당 서비스의 전화번호가 적혀있다. 룸서비스를 이용할 때는 1유로 정도의 팁을 필요로 한다.

 자주 쓰이는 표현 _ 2

- 아침 6시에 깨워 주실 수 있습니까?

    뿌에데 데스뻬르따르메 아 라스 세이스 데 라 마냐나

    ¿Puede despertarme a las seis de la mañana?

- 예, 깨워 드리겠습니다.

    씨, 끌라로

    Sí, claro.

바꿔 말하기

- 7시 siete 씨에떼
- 8시 ocho 오초

체크인

룸서비스

시설이용

체크아웃

숙박

유용한 표현

▼ 여보세요, 룸서비스입니까?

알로 쎄르비씨오 데 라 아비따씨오네스

Haló, ¿servicio de habitaciones?

▶ 무엇을 원하십니까?

께 끼에레 우스뗃

¿Qué quiere usted?

▼ 얼음 띄운 위스키를 가져다주세요.

운 위스끼 꼰 이엘로 뽀르 파보르

Un whisky con hielo, por favor.

▼ 아침식사는 몇 시부터입니까?

아 께 오라 엘 데싸유노

¿A qué hora, el desayuno?

▶ 8시 30분입니다.

알 라스 오쵸 이 메디아

A las ocho y media.

▼ TV가 고장 났습니다.

노 푼씨오나 라 뗄레비씨온
No funciona la televisión.

▼ 불이 켜지지 않습니다.

노 엔씨엔데 라 람빠라
No enciende la lámpara.

▼ 더운물이 나오지 않습니다.

노 살레 엘 아구아 깔리엔떼
No sale el agua caliente.

▼ 방이 춥습니다.

아쎄 프리오 엔 라 아비따씨온
Hace frío en la habitación.

▼ 방을 바꾸고 싶습니다.

끼에로 깜비아르 데 아비따씨온
Quiero cambiar de habitación.

체크인

룸
서비스

시설
이용

체크
아웃

숙박

유용한 표현

▼ 깨우지 마세요.

뽀르 파보르 노 몰레스뗀

Por favor, no molesten.

▼ 누구십니까?

씨, 끼엔

Sí, ¿quien?

▼ 잠시만 기다려 주십시오.

에스뻬레 운 모멘또

Espere un momento.

▶ 들어가도 좋습니까?

뿌에도 엔뜨라르

¿Puedo entrar?

▼ 들어오세요.

아델란떼 뽀르 파보르

Adelante, por favor.

▶ 여기 위스키가 있습니다.

아끼 에스따 엘 위스끼
Aquí está el whisky.

▼ 감사합니다.

그라씨아스
Gracias.

▼ 이것을 다려 주십시오.

뽀르 파보르 쁠란체 에스따스 로빠스
Por favor, planche estas ropas.

▼ 언제 준비됩니까?

꾸안또 에스딴 리스또스
¿Cuándo están listos?

▶ 모레 아침입니다.

빠싸도 마냐나 엔 라 마냐나
Pasado mañana en la mañana.

체크인

**룸
서비스**

시설
이용

체크
아웃

숙박

숙박

호텔 내에는 수영장, 식당, 커피숍 등의 위락시설이 있고, 비즈니스 룸이 별도로 마련되어 있어서 컴퓨터, 팩스, 복사기를 편리하게 사용할 수 있다.

자주 쓰이는 표현 _ 1

- 수영장이 어디 있습니까?

  돈데 에스타 라 삐스씨나

  ¿Dónde está la piscina?

…▶ 1층에 있습니다.

  에스따 엔 라 쁠란따 바하

  Está en la planta baja.

바꿔 말하기

- 미용실   peluquería   뻴루께리아
- 엘리베이터   ascensor   아쎈소르
- 사우나   sauna   싸우나
- 비상구   salida de emergencia   살리다 데 에메르헨씨아

시설이용

자주 쓰이는 표현 _ 2

■ 어떤 서비스를 원하십니까?

께 끄라쎄 데 쎄르비씨오 데세아 우스뗃
¿Qué clase de servicio desea usted?

···▶ 이발 하겠습니다.

꼬르떼 데 뻴로 뽀르 파보르
Corte de pelo, por favor.

바꿔 말하기

- 파마   permanente   뻬르마넨떼
- 매니큐어 manicura   마니꾸라
- 면도   afeitado   아페이따도
- 드라이 secado   세까도

체크인

룸
서비스

시설
이용

체크
아웃

숙박

유용한 표현

▼ 호텔에는 어떤 시설들이 있습니까?

께 끌라쎄 데 인스딸라씨오네스 띠에네
¿Qué clase de instalaciones tiene?

▶ 수영장, 사우나가 있습니다.

떼네모스 삐스씨나 이 사우나
Tenemos piscina y sauna.

▼ 수영장은 무료입니까?

라 삐스씨나 그라띠스
¿La piscina, gratis?

▶ 아닙니다. 유료입니다.

노 노 에스 그라띠스
No, no es gratis.

▼ 사우나는 몇 시에 문을 엽니까?

아 께 오라 세 아브레 라 사우나
¿A qué hora se abre la sauna?

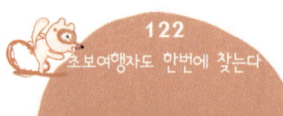

▶ 오전 6시에 문을 엽니다.

세 아브레 알 라스 세이스 데 라 마냐나
Se abre a las seis de la mañana.

▼ 짧게 깍아 주세요.

뽀르 파보르 꼬르떼메 엘 뺄로 꼬르또
Por favor, córteme el pelo corto.

▼ 조금만 깍아 주세요.

꼬르떼메 엘 뺄로 운 뽀꼬
Córteme el pelo un poco.

▼ 머리를 감기고 빗어 주세요.

뽀르 파보르 라바도 이 뻬이나도
Por favor, lavado y peinado.

▼ 약하게 파마를 해 주세요.

라 뻬르마넨떼 센씨요 뽀르 파보르
La permanente sencillo, por favor.

체크인

룸
서비스

시설
이용

체크
아웃

숙박

숙박

체크아웃하기 전에 미리 자신의 짐을 확인하고, 보관함에 맡겨둔 귀중품 등을 빠뜨리는 일이 없도록 한다.

자주 쓰이는 표현 _ 1

- 객실료를 어떻게 지불하실 건가요?

  꼬모 바 아 빠가르 빠라 수 아비따씨온

  ¿Cómo va a pagar para su habitación?

···▶ 트래블 월렛 으로 지불하겠습니다.

  보이 아 빠가르 꼰 비예떼라 데 비아헤

  Voy a pagar con billetera de viaje.

바꿔 말하기

- 현금   efectivo   에펙띠보
- 달러   dolares   돌라레스
- 신용카드   tarjeta de crédito   따르헤따 데 끄레디또

체크아웃

만일을 위해 거래처나 친구에게 전할 것이 있으면 프론트에 부탁을 하거나 메모를 해놓으면 된다.

 ## 자주 쓰이는 표현 _ 2

- **하루 더 머물고 싶습니다.**

    끼에로 께다르메 운 디아 마스

    Quiero quedarme un día más.

···▶ **하룻밤에 100유로입니다.**

    씨엔 에우로스 뽀르 노체

    Cien euros por noche.

바꿔 말하기

- 2일 dos días 도스 디아스
- 1주일 una semana 우나 쎄마나

유용한 표현

▼ 몇 시에 방을 비워야 합니까?

아 께 오라 데호 라 아비따씨온
¿A qué hora dejo la habitación?

▶ 12시까지 방을 비워 주세요.

뿌에데 데하를라 아스따 라스 도쎄
Puede dejarla hasta las doce.

▼ 짐을 가지고 내려갈 사람을 보내 주세요.

운 까마레로 빠라 미 에끼빠헤 뽀르 파보르
Un camarero, para mi equipaje, por favor.

▼ 지금 체크아웃 하겠습니다.

아오라 데하레 라 아비따씨온
Ahora dejaré la habitación.

▶ 방 번호가 어떻게 되십니까?

엘 누메로 데 수 아비따씨온 뽀르 파보르
El número de su habitación, por favor.

▼ 808호, 김지인 입니다.

김 지 인 오쵸 쎄로 오쵸
Kim Ji In, ocho cero ocho.

▶ 여기 객실요금 계산서입니다.

아끼 띠에네 라 팍뚜라 데 수 아비따씨온
Aquí tiene la factura de su habitación.

▼ 맡긴 귀중품을 찾고 싶습니다.

미스 에펙또스 데 발로르 데뽀시따도스 뽀르 파보르
Mis efectos de valor depositados, por favor.

▼ 공항까지 가는 버스가 있습니까?

아이 알군 아우또부스 아스따 엘 아에로뿌에르또
¿Hay algún autobús hasta el aeropuerto?

▼ 택시를 불러 주십시오.

야메 운 딱시 뽀르 파보르
Llame un taxi, por favor.

체크인

룸
서비스

시설
이용

체크
아웃

숙박

도움이 되는 활용 어휘

예약	reservación	레세르바씨온
지배인	director	디렉또르
싱글	habitación sencilla	아비따씨온 센씨야
더블	habitación doble	아비따씨온 도블레
트윈	habitación con dos camas	아비따씨온 꼰 도스 까마스
샤워	ducha	두차
욕실	baño	바뇨
영수증	recibo	레씨보
안내	información	인포르마씨온
회계	cajero	까헤로
접수	recepción	레셉씨온
지하	sótano	소따노
1층	planta baja	쁠란따 바하
2층	primer piso	쁘리메르 삐소
열쇠	llave	야베

체크인 · 체크아웃

방	habitación 아비따씨온
인원수	personas 뻬르쏘나스
성	apellido 아뻬이도
이름	nombre 놈부레
국적	nacionalidad 나씨오날리닷
날짜	fecha 페차
시간	hora 오라
명세서	concepto 꼰셉또
전화	teléfono 뗄레포노
합계	suma 수마
요금	precio 쁘레씨오
계산서	cuenta 꾸엔따
영수증	recibo 레씨보

도움이 되는 활용 어휘

세탁	lavandería 라반두라
수선	reparación 레빠라씨온
다림질	planchado 쁠란차도
와이셔츠	camisa 까미사
블라우스	blusa 블루사
내의	ropa interior 로빠 인테리올
바지	pantalones 빤딸로네스
치마	falda 팔다
양말	calcetines 깔쎄띠네스
화장실	servicio 쎄르비씨오
창문	ventana 벤따나
냉장고	nevera 네베라
에어콘	aire acondicionado 아이레 아꼰디씨오나도
난방	calefacción 깔레팍씨온
추위	frío 프리오

룸서비스

더위	calor 깔로르
아침식사	desayuno 데싸유노
점심식사	almuerzo 알무에르소
저녁식사	cena 쎄나
전등	lámpara 람빠라
TV	televisión 뗄레비씨온
타월	toalla 또아야
컵	vaso 바소
비누	jabón 하본
샴푸	champú 참푸
드라이기	secador de pelo 세까도르 데 뻴로

도움이 되는 활용 어휘

식당	restaurante 레스따우란떼
로비	vestíbulo 베스띠불로
커피숍	cafetería 까페떼리아
연회장	salón de banquetes 살론 데 방께떼스
회의실	sala de juntas 살라 데 훈따스
사우나	sauna 사우나
엘리베이터	ascensor 아센소르
층계	escalera 에스깔레라
미장원	salón de belleza 살론 데 베예사
이발소	peluquería 뻴루께리아
이발	corte de pelo 꼬르떼 데 뻴로
머리감다	lavarse el pelo 라바르세 엘 뻴로
빗질하다	peinar 뻬이나르
밀크커피	café con leche 까페 꼰 레체
레몬홍차	té con limón 떼 꼰 리몬

시설이용

오렌지주스	jugo de naranja	후고 데 나랑하
토마토주스	jugo de tomate	후고 데 또마떼
계란프라이	huevo frito	우에보 프리또
삶은 달걀	huevo duro	우에보 두로
토스트	tostada	또스따다
잼	mermelada	메르멜라다
버터	mantequilla	만떼끼야

식사

스페인은 커피와 토스트 등으로 간단히 때우는 아침을 제외하곤 점심과 저녁은 푸짐하게 천천히 많이 먹는다. 마드리드는 코시드 새끼통돼지요리, 갈리시아는 해산물, 발렌시아는 빠에야, 안달루시아는 가스파초가 유명하다.

스페인 요리의 특징

지역마다 기후, 풍토가 다른 스페인은 재료의 순수한 맛과 특징을 살려 올리브유와 마늘을 이용하여 맛을 낸다는 것 외에는 별다른 공통점이 없다. 전국 어디에서나 잘 만드는 것이 오야 Olla라고 하는 질냄비 요리와 또르띠야라 불리는 오믈렛이다.

오야는 지방에 따라서 여러 가지 이름으로 불리는데, 우리나라의 냄비 요리처럼 그 지방에서 나는 여러 가지 재료가 듬뿍 들어있다.

스페인의 대표요리

- **빠에야** Paella

큼직한 냄비 팬에 밥과 육수, 샤프라(아주 비싼 노란색의 스페인 향신료), 해물, 토끼고기 등이 섞여 깊은 맛을 내는 밥 요리다. 재료에 따라 다양한 빠에야가 있고 유명한 스페인의 해산물이 첨가되면 해산물 빠에야가 된다.

- **상그리아** sangria

스페인의 대표적 음료로 적포도주와 백포도주, 탄산수, 레몬즙 등을 넣고 각종 과일을 섞어 차게 해서 마시는 포도주 혼합음료다.

- **하몽** jamon

특유의 기후가 만들어 낸 하몽은 훈제를 전혀 하지 않고 소금에만 절여서 말린 햄으로, 깔끔한 맛을 자랑한다. 처음엔 좀 짠 듯한 데, 단순한 맛이 뿜어내는 강력한 중독성이 내재되어있다. 슈퍼에서부터 전문 식육점, 레스토랑까지 돼지 뒷다리가 가지런히 매달린 모습은 가히 장관이다.

- **가스파초** gazpacho

토마토, 피망, 오이, 양파, 빵, 올리브유 등을 넣고 갈아서 가열하지 않고 만든다. 일종의 야채 주스로 마치 동치미처럼 시원한 맛을 낸다. 스페인 남부의 특산품인데 슈퍼에서 마치 주스처럼 팩에 넣어 판매하고 있어서 전국 어디에서나 맛볼 수 있다.

- **추로스** churros

밀가루에 베이킹파우더를 넣어 반죽한 것을 막대모양으로 밀어 튀겨낸 음식으로 아침식사에 애용한다.

레스토랑 Restaurant

레스토랑은 맛, 분위기, 서비스 등을 고려해 포크의 수로 등급을 나눈다. 최고급은 5개, 가장 싼 곳은 1개가 붙어 있다.

포크 2~3개 가게에서도 충분히 맛을 즐길 수 있으며 최고급 가게 이외에는 예약은 거의 필요 없다. 평범하고 깨끗한 복상이라면 청바지 차림이라도 들어갈 수 있다.

- **영업시간**

  보통 오후 13:00~16:00, 밤은 20:00~23:00 이다.

- **이용방법**

  대개 상점 앞에 메뉴와 가격을 게시해 둔 곳이 많으므로 확인을 한 다음 레스토랑에 들어갈지 아닐지를 결정하는 것이 좋다. 고급식당이나 인기 있는 가게에서는 예약이 필요하다. 예약은 호텔 프론트에서 할 수 있다. 가게에 도착하면 예약을 했다고 말하고 자리를 안내해 줄 때까지 기다린다. 식사를 마치면 계산서를 접시에 올려 가지고 오면 앉아서 금액을 지불한다. 팁은 요금의 5~10%이다.

식사

스페인 요리의 특징은 올리브유와 마늘을 많이 사용하는 것이다.

자주 쓰이는 표현 _ 1

- 7시에 4명이 앉을 자리를 원합니다.

  끼에로 우나 메사 빠라 꽈뜨로 뻬르쏘나스 알 라스 씨에떼

  Quiero una mesa para cuatro personas a las siete.

···▶ 미안합니다. 이미 좌석이 다 찼습니다.

  뻬르도네 뻬로 에스따 예노

  Perdone, pero está lleno.

바꿔 말하기

- 발코니에 있는   en la terraza   엔 라 떼라사
- 2명이 앉을   para dos personas   빠라 도스 뻬르쏘나스
- 창가   junto a la ventana   훈또 알 라 벤따나

예약/안내

풍부한 재료와 신선한 어류, 야채, 쌀 등을 사용한 요리인 파에야는 일종의 볶음밥으로 특선요리이다.

자주 쓰이는 표현 _ 2

- **한국 음식점이 어디 있습니까?**

  돈데 에스따 엘 레스따우란떼 꼬레아노

  ¿Dónde está el restaurante coreano?

···▶ 이 근처에는 없습니다.

  노 에스따 쎄르까 데 아끼

  No está cerca de aquí.

바꿔 말하기

- **일식** de comida japonesa 데 꼬미다 하뽀네사
- **중식** de comida china 데 꼬미다 치나

예약 안내

주문

패스트 푸드점

계산

식사

유용한 표현

▼ 예약을 하려고 합니다.

끼에로 아쎄르 우나 레세르바씨온
Quiero hacer una reservación.

▶ 언제 오실 예정입니까?

꾸안또 바 아 베니르
¿Cuando va a venir?

▶ 몇 분이십니까?

꾸안따스 뻬르소나스
¿Cuántas personas?

▼ 3사람입니다.

뜨레스
Tres.

▶ 예약하셨습니까?

띠에네 레세르바씨온
¿Tiene reservación?

▶ 성함을 말씀해 주세요.

수 놈브레 뽀르 파보르
Su nombre, por favor.

▼ 7시에 예약한 김입니다.

소이 킴 께 레세르베 알 라스 씨에떼
Soy Kim que reservé a las sicte.

▼ 예약을 안 했습니다. 빈자리가 있습니까?

노 뗑고 레세르바 뻬로 아이 알구나 메사 리브레
No tengo reserva, pero ¿hay alguna mesa libre?

▶ 지금은 빈자리가 없습니다.

노 아이 닌구나 메사 리브레
No hay ninguna mesa libre.

▶ 이쪽으로 오십시오.

벵가 뽀르 아끼
Venga por aquí.

예약
안내

주문

패스트
푸드점

계산

식사

식사

음식을 주문할 때는 확실히 확인한 후 주문을 하도록 한다.

자주 쓰이는 표현 _ 1

- 무엇을 드시겠습니까?

  께 끼에레 또마르

  ¿Qué quiere tomar?

···▶ 한국 음식을 먹고 싶습니다.

  끼에로 꼬미다 꼬레아나

  Quiero comida coreana.

바꿔 말하기

- **스페인식** española   에스빠뇰라
- **향토** regional   레히오날

주문

잘 모르는 경우는 Menú del día오늘의 정식를 주문하면 내용이나 가격도 무난하다.

자주 쓰이는 표현 _ 2

- 고기를 어떻게 해서 드릴까요?

  꼬모 끼에레 라 까르네

  ¿Cómo quiere la carne?

▶ 잘 익혀 주세요.

  비엔 에차 뽀르 파보르

  Bien hecha, por favor.

바꿔 말하기

- 조금 익혀   poco hecha   뽀꼬 에차
- 적당히 익혀   regular   레굴리르

예약 안내

주문

패스트 푸드점

계산

식사

유용한 표현

▶ 주문하시겠습니까?

  알 라 오르덴
  ¡A la orden!

▼ 메뉴를 보여 주세요.

  엘 메누 뽀르 파보르
  El menú, por favor.

▼ 오늘의 특별메뉴는 무엇입니까?

  꾸알 에스 엘 메누 에스뻬씨알 데 오이
  ¿Cuál es el menú especial de hoy?

▶ 생선튀김입니다.

  에스 라 메르루사 알 라 바스까
  Es la merluza a la vasca.

▼ 그것으로 하겠습니다.

  끼에로 또마르 에스또
  Quiero tomar esto.

▼ 당신이 권한 요리로 하겠습니다.

또마레 로 께 메 레꼬미엔다

Tomaré lo que me recomienda.

▶ 식사 전에 무엇을 드시겠습니까?

께 끼에레 또마르 꼬모 아뻬리띠보

¿Qué quiere tomar como aperitivo?

▼ 이 지방의 포도주를 맛보고 싶습니다.

끼에로 또마르 비노 로깔

Quiero tomar vino local.

▶ 디저트는 무엇으로 하시겠습니까?

바 아 또마르 뽀스뜨레

¿Va a tomar postre?

▼ 물 좀 주세요.

아구아 뽀르 파보르

Agua, por favor.

예약 안내

주문

패스트 푸드점

계산

식사

식사

다양한 패스트푸드점이 있지만 그 중에서도 노란간판으로 어디서나 있는 PANS는 스페인의 전국적 바게트 샌드위치 체인점이다.

자주 쓰이는 표현 _ 1

- 프라이드 치킨 주세요.

  뽀요 프리또 뽀르 파보르
  Pollo frito, por favor.

···▶ 알겠습니다.

  꼰 무쵸 구스또
  Con mucho gusto.

바꿔 말하기

- 콜라   una coca cola   우나 꼬까 콜라
- 우유   leche   레체
- 맥주   una cerveza   우나 쎄르베사
- 샌드위치   un bocadillo   운 보까디요

패스트푸드점

자주 쓰이는 표현 _ 2

- 어떤 햄버거를 드시겠습니까?

  께 암부르게사 끼에레

  ¿Qué hamburguesa quiere?

- 더블 햄버거 주세요.

  암부르게사 도블레 뽀르 파보르

  Hamburguesa doble, por favor.

바꿔 말하기

- **겨자 없는** sin mostaza 씬 모스따사
- **양파를 뺀** sin cebolla 씬 쎄보야
- **치즈** con queso 꼰 께소
- **치킨** con pollo 꼰 뽀요

유용한 표현

▶ **무엇을 드릴까요?**

빠세. 엔 께 뿌에도 세르비를레

Pase. ¿En qué puedo servirle?

▼ **이곳은 셀프서비스입니까?**

아끼 에스 아우또세르비씨오

¿Aquí es autoservicio?

▼ **요금은 선불입니까?**

아이 께 빠가르 뽀르 아델란따도

¿Hay que pagar por adelantado?

▼ **겨자 넣지 마세요.**

씬 모스따사 뽀르 파보르

Sin mostaza, por favor.

▼ **양파를 많이 넣어 주세요.**

바스딴떼 쎄보야 뽀르 파보르

Bastante cebolla, por favor.

▶ 주문할 것이 더 있습니까?

알고 마스
¿Algo más?

▼ 이것이 전부입니다.

에스 또도
Es todo.

▶ 여기서 드실 겁니까? 가져가실 겁니까?

로 또마라 아끼 오 빠라 예바르
¿Lo tomará aquí o es para llevar?

▼ 여기서 먹을 겁니다. / 가져갈 겁니다.

아끼 뽀르 파보르 / 빠라 예바르
Aquí por favor. / Para llevar.

▼ 여기에 앉아도 됩니까?

뿌에도 센따르메 아끼
¿Puedo sentarme aquí?

예약 안내

주문

패스트 푸드점

계산

식사

식사

고급 레스토랑에서는 계산서에 서비스료가 포함되었어도 웨이터의 서비스가 마음에 들었을 경우 계산서의 10%~15% 정도를 팁으로 주거나 테이블 위에 놓고 나온다.

자주 쓰이는 표현 _ 1

- 계산서를 주십시오.

    라 꾸엔따 뽀르 파보르
    La cuenta, por favor.

···▶ 네, 잠깐만 기다리십시오.

    씨, 에스뻬레 운 모멘또
    Sí, espere un momento.

바꿔 말하기

- 메모지   el volante   엘 볼란떼
- 영수증   el recibo   엘 레씨보
- 요금표   la lista de derecho   라 리스따 데 데레쵸
- 잔돈   el suelto   엘 수엘또

계산

자주 쓰이는 표현 _ 2

- 이것은 무슨 요금입니까?

  께 파고 에스 에스떼

  ¿Qué pago es este?

...▶ 서비스료입니다.

  라 데레쵸 데 세르비씨오

  El derecho de servicio.

바꿔 말하기

- 팁 la propina 라 쁘로삐나
- 세금 el impuesto 엘 임뿌에스또

유용한 표현

▶ 계산서입니다.

아끼 에스따 라 꾸엔따
Aquí está la cuenta.

▼ 비자카드를 받습니까?

아셉따 비사
¿Acepta visa?

▼ 각자 계산하겠습니다.

께레모스 빠가르 뽀르 쎄빠라도
Queremos pagar por separado.

▼ 내가 전부 계산하겠습니다.

요 빠고 또도 훈또
Yo pago todo junto.

▼ 서비스요금까지 포함된 것입니까?

에스따 인끌루이도 엘 쎄르비씨오
¿Está incluido el servicio?

▼ 음식을 가져갈 수 있습니까?

뿌에도 예바르 라 꼬미다
¿Puedo llevar la comida?

▶ 계산이 잘못 됐습니까?

아이 운 에로르 엔 라 꾸엔따
¿Hay un error en la cuenta?

▼ 전부 얼마입니까?

꾸안또 에스 또도
¿Cuánto es todo?

▼ 영수증을 주세요.

엘 레씨보 뽀르 파보르
El recibo, por favor.

▼ 잔돈은 가지세요.

께데쎄 꼰 엘 깜비오
Quédese con el cambio.

예약 안내

주문

패스트 푸드점

계산

식사

도움이 되는 활용 어휘

식당	comedor 꼬메도르
레스토랑	restaurante 레쓰따우란떼
카페	café 까페
바	bar 바
요리	comida 꼬미다
스페인요리	comida española 꼬미다 에스빠뇰라
프랑스요리	comida francesa 꼬미다 프란세사
한국요리	comida coreana 꼬미다 꼬레아나
일본요리	comida japonesa 꼬미다 하포네사
중국요리	comida china 꼬미다 치나
아침식사	desayuno 데사유노
점심식사	almuerzo 알무에르소
저녁식사	cena 쎄나
주문	orden 오르덴
요리사, 주방장	cocinro 꼬시네로

예약/안내 · 주문

오늘의 요리	menú de hoy	메누 데 오이
웨이터	camarero	까마레로
웨이트리스	camarera	까마레라
빵	pan	빤
샐러드	ensalada	엔살라다
과일샐러드	ensalada de frutas	엔살라다 데 프루따스
햄	jamón	하몽
소시지	chorizo	쵸리소
치즈	queso	께소
올리브	aceitunas	아쎄이뚜나스
감자부침	tortilla de patatas	또르띠아 데 빠따따
스프	sopa	소빠
생선스프	sopa de pescado	쏘빠 데 뻬스까도
고기스프	sopa de carne	소빠 데 까르네
야채스프	sopa de verduras	소빠 데 베르두라스

도움이 되는 활용 어휘

마늘스프	sopa de ajo	소빠 데 아코
튀김	frito	프리또
철판구이	a la plancha	알 라 쁘란차
불구이	asado	아사도
오븐구이	al horno	알 오르노
찐 것	cocido al vapor	꼰씨도 알 바뽀르
삶은 것	estofado	에스또파도
고기	carne	까르네
소고기	carne de res	까르네 데 레스
돼지고기	carne de cerdo	까르네 데 쎄르도
닭고기	pollo	뽀요
생선	pescado	뻬스까도
설익은	poco cocida	뽀꼬 꼬씨다
적당히 익힌	regular	레굴라르
잘 익힌	bien hecha	비엔 에차

주문

야채	verdura 베르두라
감자	patata 빠따따
양배추	repollo 레뽀요
양파	cebolla 쎄보야
당근	zanahoria 사나오리아
시금치	espinaca 에스삐나까
오이	pepino 뻬삐노
토마토	tomate 또마떼
과일	fruta 프루따
오렌지	naranja 나랑하
사과	manzana 만사나
바나나	plátano 쁠라따노
딸기	fresa 프레사
아이스크림	helado 엘라도
케이크	pastel 빠스뗄

도움이 되는 활용 어휘

푸딩	flan 프란
커피	café 까페
밀크커피	café con leche 까페 꼰 레체
차	té 떼
콜라	coca cola 꼬까 꼴라
주스	jugo 후고
우유	leche 레체
포도주	vino 비노
백포도주	jerez 헤레스
부르도산 적포도주	burdeos 부르데오스
칵테일	coctel 꼭뗄
위스키	whisky 위스끼
샴페인	champaña 참빠냐
맥주	cerveza 쎄르베사
설탕	azúcar 아수까르

주문 · 패스트푸드점

후추	primienta	쁘리미엔따
소금	sal	살
겨자	mostaza	모스따사
간장	salsa de soja	살사 데 소하
햄버거	hamburguesa	암부르게사
핫도그	perrito caliente	뻬리또 깔리엔떼
샌드위치	bocadillo	보까디요
오징어튀김	calamares fritos	깔라마레스 프리또스
옥수수부침	tortilla	또르띠야
감자튀김	patatas fritas	빠따따스 프리따스
나이프	cuchillo	꾸치요
포크	tenedor	떼네도르
숟가락	cuchara	꾸차라
작은 크기음료	pequeño	뻬께뇨
제일 큰 크기음료	grande	그란데

쇼 핑

스페인의 특산품으로는 중앙 유럽의 반값인 피혁제품과 도기, 톨레도의 금은 세공품을 들 수 있다.

지역별 쇼핑 장소

- **마드리드**
  - El Corte Ingles : 스페인의 특산품을 다양하게 갖춘 마드리드 최대의 백화점으로 시에스타 점심 휴식시간 가 없고, 토요일도 영업한다.
  - El Rastro : 마요르 광장 남쪽의 카스코로 일대에 형성되는 벼룩시장으로 매주 일요일 오전 중에 열린다. 일용잡화 및 골동품 등의 다양한 상품을 구경할 수 있다.

- **바르셀로나**
  - 구시가지 : Portal de l'Angel 거리, Portaferrissa 거리, 람브라스 거리

- Eixample지구 : 그라시아 거리, 까딸루냐 광장주변
- 바르셀로나의 비즈니스 중심 지구(Av. Diagonal) :
  Maria Cristina 광장, Francesc Macio 광장 주변

- **발렌시아**
세라믹 도기가 세계적으로 가장 많이 알려져 있으며, 그 종류도 매우 많다.

- **그라나다**
Alcaiceria라고 하는 오래된 아랍 시장이 있다.
전통기법의 유리제품인 Fajalauza와 나무에 상아, 진주, 조개 등을 직접 상감처리 한 수공품인 taracea가 있다. 비탈진 Cuesta de Gomerez 거리를 따라 다양한 기념품 가게가 있다.

부가세환급

[TAX FREE FOR SHOPPING]로고가 부착된 상점에서 물품을 구입하고 Global Refund Cheque를 수령한다. 출국 공항에서 구입물품을 제시하고 Global Refund Cheque에 확인 Stamp를 받는다. (유럽은 최종 출국공항에서 확인한다.)
공항 내 위치한 환불 창구Cash Refund에 Global Refund Cheque를 제출하고 환불 받는다. 구입 후 3개월 이내 출국해야 한다.

쇼핑

대부분의 물건을 구입할 수 있으며 영업시간은 대부분 일요일과 공휴일은 쉬며 10:00~20:00시 까지이다.

자주 쓰이는 표현 _ 1

- 무엇을 원하십니까?

  께 데쎄아 우스뗃
  ¿Qué desea usted?

···▶ <u>모자</u> 좀 보여주세요.

  엔쎄녜메 쏨브레로스
  Enseñeme sombreros.

바꿔 말하기

- 화장품 cosméticos 꼬스메띠꼬스
- 신발 zapatos 사빠또스
- 카메라 cámaras 까마라스
- 향수 perfumes 뻬르푸메스

백화점

전문점일 경우 평일의 시에스타 시간에도 쉬는 곳이 많다.

 자주 쓰이는 표현 _ 2

- 빨간 가방있습니까?

  띠에네 우스뗏 볼소스 로호스
  ¿Tiene usted bolsos rojos?

→ 예, 있습니다.

  씨, 떼네모스
  Sí tenemos.

백화점

옷가게

보석

쇼핑

바꿔 말하기

- 검정   negro   네그로
- 흰   blanco   블랑꼬
- 더 작은 más pequeño   마스 뻬께뇨
- 더 큰   más grande   마스 그란데

유용한 표현

▼ 면세점은 있습니까?

아이 우나 띠엔다 리브레 데 임뿌에스또스

¿Hay una tienda libre de impuestos?

▼ 근처에 백화점이 있습니까?

아이 알마쎄네스 쎄르까 데 아끼

¿Hay almacenes cerca de aquí?

▶ 이 길 끝에 있습니다.

에스따 알 피날 데 에스떼 까미노

Está al final de este camino.

▶ 무엇을 도와드릴까요?

엔 께 뿌에도 쎄르비를레

¿En qué puedo servirle?

▼ 단지 구경하고 싶습니다.

끼에로 베르 쏠라멘떼

Quiero ver solamente.

▶ 이것은 어떻습니까?

께 레 빠레쎄 에스또
¿Qué le parece esto?

▼ 다른 모델은 없습니까?

띠에네 오뜨로 띠뽀
¿Tiene otro tipo?

▼ 이것을 주세요.

데메 에스떼
Deme este.

▼ 이것은 얼마입니까?

꾸안또 발레 에스또
¿Cuánto vale esto?

▼ 할인해 주십시오.

아가메 우나 레바하 뽀르 파보르
Hágame una rebaja, por favor.

백화점

옷가게

보석

쇼핑

유용한 표현

▼ 여행자 수표도 받습니까?

악셉딴 체께스 데 비아헤로

¿Aceptan cheques de viajero?

▶ 물론입니다.

끌라로

Claro.

▼ 이것을 한국까지 보내 줄 수 있습니까?

뿌에도 엔비아르 에스또 아 꼬레아

¿Puede enviar esto a Corea?

▶ 보내드리겠습니다.

씨, 셀 로 엔비아레

Sí, se lo enviaré.

▼ 마드리드 호텔까지 배달해 주세요.

엔비엘로 알 오뗄 마드리드

Envíelo al hotel Madrid.

▼ 포장해 주실 수 있습니까?

뿌에데 엔볼베를로
¿Puede envolvérlo?

▼ 영수증 주세요.

엘 레씨보 뽀르 파보르
El recibo, por favor.

▼ 이것을 교환할 수 있습니까?

뿌에도 깜비아르 에스또
¿Puedo cambiar esto?

▶ 무엇이 문제입니까?

께 쁘로블레마 띠에네
¿Qué problema tiene?

▼ 깨졌습니다.

에스또 에스따 로또
Esto está roto.

백화점

옷가게

보석

쇼핑

쇼핑

스페인을 비롯한 유럽의 옷 치수는 우리가 사용하는 치수와 다르다. 예를 들어 가슴둘레 85cm인 여자의 경우, 스페인식 치수로 38정도이다.

자주 쓰이는 표현 _ 1

- 다른 디자인 있습니까?

  아이 오뜨로 디쎄뇨
  ¿Hay otro diseño?

⋯▸ 예, 있습니다.

  씨, 떼네모스
  Sí tenemos.

바꿔 말하기

- 색깔 color 꼴로르
- 치수 medida 메디다
- 무늬 dibujo 디부코
- 소재 material 마떼리알

옷가게

백화점

옷가게

보석

쇼핑

 자주 쓰이는 표현 _ 2

- 어떤 색깔을 원하세요?

  께 꼴로르 데쎄아
  ¿Qué color desea?

···▶ 흰색으로 주세요.

  블랑꼬 뽀르 파보르
  Blanco, por favor.

바꿔 말하기

- 빨간 rojo   로호
- 노란 amarillo 아마리요
- 푸른 azul   아쑬
- 회색 gris   그리스

유용한 표현

▼ 윈도우에 있는 것을 보여주세요.

엔쎄녜메 엘 께 에스따 엔 엘 에스까빠라떼
Enséñeme el que está en el escaparate.

▼ 이것은 너무 큽니다.

에스 데마씨아도 그란데
Es demasiado grande.

▼ 좀 작은 것으로 보여 주세요.

마스 뻬께냐 뽀르 파보르
Más pequeña, por favor.

▼ 이것으로 검은색이 있어요?

띠에네 엘 네그로 엔 에스떼 모델로
¿Tiene el negro en este modelo?

▼ 입어 봐도 됩니까?

뿌에도 쁘로바르멜로
¿Puedo probármelo?

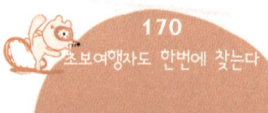

▶ 허리를 몇 입으십니까?

께 씬뚜라 우사
¿Qué cintura usa?

▼ 제 치수를 재어주십시오.

또메 미 메디다 뽀르 파보르
Tome mi medida, por favor.

▼ 어디서 입어볼 수 있습니까?

돈데 에스따 엘 쁘로바도르
¿Dónde está el probador?

▼ 거울은 어디에 있습니까?

돈데 에스따 엘 에스뻬호
¿Dónde está el espejo?

▼ 디자인이 마음에 들지 않습니다.

노 메 구스따 엘 디쎄뇨
No me gusta el diseño.

백화점

옷가게

보석

쇼핑

쇼핑

진짜와 똑같이 생긴 모조품이 많으므로 보석이나 고가의 상품을 살 때는 꼭 보증서를 함께 받고 부가가치세 면세 신청서를 작성해서 출국 시 환급받도록 한다.

자주 쓰이는 표현 _ 1

- 반지를 보여 주세요.

  엔쎄녜메 엘 아니요

  Enséñeme el anillo.

···▶ 여기로 오십시오.

  벵가 아끼

  Venga, aquí.

바꿔 말하기

- 목걸이   el collar   엘 꼬야르
- 귀걸이   los pendiente   로스 뻰디엔떼
- 팔찌   la pulsera   라 뿔쎄라
- 브로치   el broche   엘 브로체

보석

자주 쓰이는 표현 _ 2

백화점

옷가게

보석

쇼핑

- 금을 사고 싶습니다.
  끼에로 꼼쁘라르 엘 데오로
  Quiero comprar el deoro.

···▶ 얼마나 원하십니까?
  께 메디다 끼에레
  ¿Qué medida quiere?

바꿔 말하기

- 은   de plata 데 쁠라따
- 진주 la perla 라 뻬를라
- 다이아몬드 de diamante 데 디아만떼
- 사파이어 de zafiro 데 사피로

유용한 표현

▼ 이 반지를 보여 주세요.

   에스떼 아니요 뽀르 파보르
   Este anillo, por favor.

▼ 다른 디자인으로 주세요.

   오뜨라 디쎄뇨 뽀르 파보르
   Otra diseño, por favor.

▼ 진짜입니까?

   에스 아우뗀띠꼬
   ¿Es auténtico?

▼ 어떤 금속입니까?

   께 메딸 에스
   ¿Qué metal es?

▶ 은으로 된 것입니다.

   에스 데 쁠라따
   Es de plata.

▶ 이것은 순금입니다.

  에스 데 오로 뿌로
  Es de oro puro.

▼ 더 좋은 것을 원합니다.

  끼에로 알고 메호르
  Quiero algo mejor.

▼ 더 싼 것으로 보여 주세요.

  엔쎄녜메 알고 운 뽀꼬 마스 바라또
  Enséñeme algo un poco más barato.

▼ 보증서가 있습니까?

  띠에네 쎄르띠피까도 데 가란띠아
  ¿Tiene certificado de garantía?

▼ 교환할 수 있습니까?

  뿌에도 깜비아를로
  ¿Puedo cambiarlo?

백화점

옷가게

보석

쇼핑

도움이 되는 활용 어휘

백화점	almacenes	알마쎄네스
식료품	alimentación	알리멘따씨온
양복점	sastrería	사스뜨레리아
양화점	zapatería	사빠떼리아
문방구	papelería	빠뻴레리아
완구점	juguetería	후게떼리아
가죽제품점	tienda de artículos de cuero	띠엔다 데 아르띠꿀로스 데 꾸에로
슈퍼마켓	supermercado	수뻬르메르까도
기념품점	tienda de recuerdos	띠엔다 데 레꾸에르도스
면세점	tienda libre de impuestos	띠엔다 리브레 데 임뿌에스또스
점원	dependiente	데뻰디엔떼
설명서	texto explicativo	떽스또 엑스쁠리까띠보
보증서	documento de garantía	도꾸멘또 데 가란띠아
바겐세일	venta a precios rebajados	벤따 아 쁘레씨오스 레바하도스

백화점

비싼	caro	까로
값싼	barato	바라또
색	color	꼴로르
검정	negro	네그로
흰	blanco	블랑꼬
빨강	rojo	로호
파랑	azul	아술
노랑	amarillo	아마리요
초록	verde	베르데
회색	gris	그리스
베이지	beige	베이헤
밝은	claro	끌라로
어두운	oscuro	오스꾸로
도자기	cerámica	쎄라미까
담배	cigarrillo	씨가리요

도움이 되는 활용 어휘

향수	perfume	뻬르프메
핸드백	bolso	볼소
서류가방	cartera	까르떼라
소가죽	piel de vaca	삐엘 데 바까
악어가죽	piel de cocodrilo	삐엘 데 꼬꼬드리요
바지	pantalones	빤딸로네스
청바지	vaqueros	바께로스
치마	falda	팔다
자켓	chaqueta	차께따
코트	abrigo	아브리고
신사복	traje	뜨라헤
조끼	chaleco	찰레꼬
와이셔츠	camisa	까미사
블라우스	blusa	블루사
스웨터	suéter	수에떼르

백화점 · 옷가게

넥타이	corbata 꼬르바따
벨트	cinturón 씬뚜론
손수건	pañuelo 빠뉴엘로
내의	ropa interior 로빠 인떼리올
잠옷	pijama 삐하마
양말	calcetines 깔쎄띠네스
신발	zapatos 사빠또스
모자	sombrero 쏨부레로
장갑	guantes 구안떼스
가격표	etiqueta 에띠께타
체크무늬의	a cuadros 아 꾸아드로스
물방울무늬의	de lunares 데 루나레스
줄무늬의	de rayas 데 라야스
무늬없는	sin dibujo 씬 디부코
최신의	de última moda 데 울띠마 모다

도움이 되는 활용 어휘

반지	anillo 아니요
목걸이	collar 꼬야르
팔지	pulsera 뿔세라
브로치	broche 브로체
귀걸이	pendiente 뻰디엔떼
금	oro 오로
순금	oro puro 오로 뿌로
백금	platino 쁠라띠노
은	plata 쁠라따
호박	ámbar 암바르
산호	coral 꼬랄
상아	marfil 마르필
다이아몬드	diamante 디아만떼
루비	rubí 루비
진주	perla 뻬를라

보석

에메랄드	esmeralda	에스메랄다
액세서리	accesorios	악쎄쏘리오스
사파이어	zafiro	사피로
진품	auténtico	아우뗀띠꼬
보증서	garantía	가란띠아
큰	grande	그란데
작은	pequeño	뻬께뇨
긴	largo	라르고
짧은	corto	꼬르또
무거운	pesado	뻬사도
가벼운	liviano	리비아노
화려한	llamativo	야마띠보
소박한	sencillo	쎈씨요

관 광

동·서양의 문화가 만나는 스페인은 문화적 전통, 지역적 다양성을 갖춘 200가지가 넘는 축제를 개최한다.

스페인의 대표적 축제

- **2월**
  스페인 전역에 카니발이 열린다. Cádiz와 Tenerife에서 열린다.

- **3월**
  Valencia의 Las Fallas는 '불의 축제'로 알려진 세계적 축제이다. 축제 기간 동안 도시 곳곳을 장식했던 그림과 조형물들을 축제 마지막 날 광장에서 태우며 불꽃놀이와 함께 화려하게 끝난다.

- **5월**
  Andalucía시의 행사인 El Rocío 기념 축제가 있다.

- **7월**

  Pamplona에서는 6일에서 14일까지 San Fermín 로 알려진 **투우 경기**가 펼쳐진다. 이곳을 다녀 갔던 헤밍웨이의 소설에 의해 일약 유명해진 축제다. LA CORRIDA 라꼬리다라고 하여 투우용 황소들을 거리에 풀어놓고 투우장까지 자신들의 용기를 증명하려고 투우와 함께 달린다.

- **8월**

  마지막 수요일에 Valencia 지방의 힌 미읗인 Buñol에서 도마토 축제가 열린다. 이날에는 아침 11시경 대광장Plaza Mayor 과 주변거리에 사람들이 모여든다. 기름을 바른 기둥 하나에 햄을 달아 햄을 땄을 때, 사람들은 그를 격려하면서 토마토를 외치면 폭죽이 터지면서 신호로 축제가 시작된다.

대표적 관광 명소

- **마드리드**

  푸에르타 델 솔 태양의문, 동쪽 궁전 Palacio de Oriente, 프라도 미술관, 티센-보르네미스자 미술 박물관, 알카자르 국립 고고학 박물관, 소피아 국립예술센터 등

- **발렌시아**
  미젤레떼 종탑, 론하, 깔라뜨라바 다리, 아유따미엔또 광장, 마니세스 광장, 중앙 시장

- **바르셀로나**
  미로 미술관, 피카소 미술관, 구엘 공원, 바르셀로나 대사원, 사그라다 파밀리아 성당, 스페인 민속촌, 구엘 저택

- **세고비아**
  알카사르, 로마 수도교, 성 스테판 교회, 대성당

- **그라나다**
  알함브라 궁전, 헤네랄리페 정원, 라이온의 정원, 라이온 궁카를로스 5세 궁전 왕실 예배당

스페인의 미술관, 박물관

- **마드리드**
  - Prado 미술관
    화~토 09:00-19:00, 일·공휴일 09:00-14:00(월요일 휴관)
  - Sofia 미술관
    수~월 10:00-21:00, 일·공휴일 10:00-14:30(화요일 휴관)

- 왕궁 Palacio Real
  월~토 09:00-18:00, 일·공휴일 10:00-15:00
  (공식행사시 휴관)
- Thyssen 박물관 : 화~일요일 10:00-19:00(월요일 휴관)
- 고고학 박물관 Arqueologico Nacional
  화~토요일 09:30-20:30, 일요일·공휴일 09:00-14:00
  (월요일 휴관, 토요일 14:30부터 일요일에는 무료)
- 자연사 박물관 Ciencias Naturales
  화~금요일 10:00-18:00, 토요일 10:00-20:00,
  일요일·공휴일 10:00-14:30(월요일 휴관)
- 식물원 Real Jardin Botanico : 매일 10:00-19:00

바르셀로나

- 미로 미술관
  개관시간은 10:00~19:00이며 공휴일에는 14:30 까지
- 피카소 미술관 Museo Picasso
  화~일 10:00~20:00, 월요일 및 지정일은 휴관
- 구엘 공원 Parc Guell : 11:00-15:00
- 가우디 박물관
  10월~3월 10:00~18:00, 4월~9월 10:00~20:00
- 사그리다 파밀리아 성당 Templo Expiatori de la Sagrada Familia

관광

스페인의 특별한 관광코스로는 투우 Corrida de toros, 플라맹고 flamenco, 타블라오 tablao가 있다.

자주 쓰이는 표현 _ 1

- 유적지를 추천해 주십시오.

  레꼬미엔데메 운 루가르 이스또리꼬

  Recomiéndeme un lugar histórico.

- 알겠습니다.

  꼰 무쵸 구스또

  Con mucho gusto.

바꿔 말하기

• 박물관	un museo	운 무세오
• 관광명소	un monumento interesante	운 모누멘또 인떼레산떼
• 유람선여행코스	una excursión en barco	우나 엑스꿀시온 엔 바르꼬
• 인기있는 여행코스	la excursión de más aceptación	라 엑스꿀시온 데 마스 악쎕따씨온

관광안내

자주 쓰이는 표현 _ 2

- 세고비야를 방문하고 싶습니다.

  끼에로 비지따르 쎄고비아

  Quiero visitar Segovia.

···▶ 정기관광이 있습니다.

  떼네모스 우나 엑쓰끌루씨온

  Tenemos una excrusión.

바꿔 말하기

- **똘레도** Toledo 똘레도
- **살라망까** Salamanca 살라망까

관광
안내

관광
명소

박물관

관광

유용한 표현

▼ 관광안내소가 어디에 있습니까?

돈데 에스따 라 오피씨나 데 인포르마씨온 데 뚜리스모
¿Dónde está la oficina de información de turismo?

▼ 시가지 지도가 있습니까?

띠에네 운 쁠라노 데 라 씨우닫
¿Tiene un plano de la ciudad?

▼ 똘레도를 여행하는 관광코스가 있습니까?

아이 알구나 엑쓰끌루씨온 빠라 똘레도
¿Hay alguna excursión para Toledo?

▼ 그라나다에 가고 싶습니다.

끼에로 비시따르 그라나다
Quiero visitar Granada.

▼ 어디 가볼만한 재미있는 장소가 있어요?

아이 알군 루가르 인떼레산떼
¿Hay algún lugar interesante?

▶ 정기관광이 있습니다.

아이 우나 엑쓰꿀루씨온
Hay una excursión.

▼ 팜플렛을 보여 주세요.

데메 운 포예또 뽀르 파보르
Deme un folleto, por favor.

▶ 여기 있습니다.

아끼 에스따
Aquí está.

▼ 하루 코스입니까?

레꼬리도 데 운 디아
¿Recorrido de un día?

▶ 8시간 걸립니다.

두라 오쵸 오라스
Dura ocho horas.

관광안내

관광명소

박물관

관광

유용한 표현

▼ 1인당 얼마입니까?

꾸알 에스 엘 쁘레씨오 뽀르 뻬르쏘나
¿Cuál es el precio por persona?

▶ 100유로입니다.

씨엔 에우로스
Cien euros.

▼ 식사비가 비용에 포함됩니까?

에스따 인끌루이다 라 꼬미다 엔 엘 쁘레씨오
¿Está incluida la comida en el precio?

▼ 쇼핑시간이 있습니까?

아이 띠엠뽀 빠라 아쎄르 꼼쁘라스
¿Hay tiempo para hacer compras?

▶ 2시간 있습니다.

띠에네 도스 오라스
Tiene dos horas.

▼ 관광 도중에 자유시간이 있습니까?

아이 띠엠뽀 리브레 두란떼 라 엑쓰꿀루씨온
¿Hay tiempo libre durante la excurción?

▼ 몇 시에 출발합니까?

아 께 오라 엠삐에사 엘 레꼬리도
¿A qué hora empieza el recorrido?

▶ 9시입니다.

알 라스 누에베
A las nueve.

▼ 몇 시까지 와야 합니까?

아 께 오라 떼네모스 께 에스따르 아이
¿A qué hora tenemos que estar allí?

관광

관광여행의 예약은 관광안내소, 여행대리점, 큰 호텔의 프론트 등에서 예약을 할 수 있으며 옵션유무를 반드시 확인한다.

자주 쓰이는 표현 _ 1

- 안내소가 어디에 있습니까?

  돈데 에스따 인포르마씨온
  ¿Dónde está información?

⋯▶ 저를 따라 오세요.

  씨가메
  Sígame.

바꿔 말하기

- 입구   la entrada   라 엔뜨라다
- 출구   la salida   라 살리다
- 휴게소 la sala para descansar 라 살라 빠라 데스깐사르
- 화장실 el servicio   엘 쎄르비씨오

관광명소

관광안내

관광명소

박물관

관광

 자주 쓰이는 표현 _ 2

- **사진 찍어도 좋습니까?**

 뿌에도 사까르 포또스
 ¿Puedo sacar fotos?

···▶ 예, 좋습니다.

 씨, 뿌에데
 Sí, puede.

바꿔 말하기

- 안으로 들어가다   entrar   엔뜨라르
- 선물을 사다   comprar regalos   꼼쁘라르 레갈로스

유용한 표현

▼ 입장료가 얼마 입니까?

꾸안또 에스 라 엔뜨라다
¿Cuánto es la entrada?

▼ 학생 입장권으로 주세요.

우나 빠라 에스뚜디안떼 뽀르 파보르
Una para estudiante, por favor.

▼ 관광 안내책자가 있습니까?

아이 포예또스 뚜리스띠꼬스
¿Hay folletos turísticos?

▶ 여기 있습니다.

아끼 에스따 우노
Aquí está uno.

▶ 무료입니다.

에스 그라띠스
Es gratis.

▼ 몇 시까지 문을 엽니까?

아스따 께 오라 에스따 아비에르또
¿Hasta qué hora está abierto?

▼ 선물 판매소가 있습니까?

아이 띠엔다스 데 레갈로스
¿Hay tiendas de regalos?

▼ 사진 찍어 주실 수 있습니까?

뿌에데 사까르메 우나 포또
¿Puede sacarme una foto?

▼ 누가 이 건물을 만들었습니까?

끼엔 꼰스뜨루요 에스떼 에디피씨오
¿Quién construyó este edificio?

▼ 사진 찍기에 좋은 장소가 있습니까?

아이 운 부엔 루가르 빠라 또마르 포토스
¿Hay un buen lugar para tomar fotos?

관광 안내

관광 명소

박물관

관광

관광

미술관, 박물관을 관람할 때는 가방이나 휴대품은 물품보관소에 맡겨야 한다.

자주 쓰이는 표현 _ 1

- 그레꼬 박물관에 가고 싶습니다.

  끼에로 이르 알 무세오 델 그레꼬

  Quiero ir al museo del Greco.

····▶ 택시를 타세요.

  또메 운 딱시

  Tome un taxi.

- **꼬르도바** Córdoba 꼬르도바
- **똘레도** Toledo 똘레도

박물관

하지만 관람 도중 목이 마르거나 배가 고플 것을 대비하여 작은 물병이나 초콜렛 등을 넣은 작은 손가방은 지니고 있도록 한다.

 ## 자주 쓰이는 표현 _ 2

관광안내

관광명소

박물관

관광

- 가이드가 있습니까?

  띠에넨 기아

  ¿Tienen guía?

···▶ 예, 있습니다.

  씨, 떼네모스

  Sí, tenemos.

바꿔 말하기

- 그림엽서   postales   뽀스딸레스
- 팜플렛   folleto   포예또
- 안내도   mapas de información   마빠스 데 인포르마씨온
- 기념품   recuerdos   레꾸에르도스

유용한 표현

▼ 박물관이 어디에 있습니까?

돈데 에스따 엘 무세오
¿Dónde está el museo?

▼ 몇 시까지 관람할 수 있습니까?

아스따 께 오라 에스따 아비에르또
¿Hasta qué hora está abierto?

▶ 8시까지 입니다.

알 라스 오쵸
A las ocho.

▼ 이 박물관에는 어떤 작품들이 있습니까?

께 오브라스 아이 엔 에스떼 무세오
¿Qué obras hay en este museo?

▼ 특별 전시가 있습니까?

아이 우나 엑스뽀씨씨온 에스뻬씨알
¿Hay una exposición especial?

▼ 박물관에 가이드가 있습니까?

아이 기아스 엔 엘 무세오

¿Hay guías en el museo?

▼ 이 그림은 누구의 것입니까?

데 끼엔 에스 에스떼 꾸아드로

¿De quién es este cuadro?

▶ 피카소의 것입니다.

데 피카소

De Picasso.

▼ 고야의 전시실은 어디입니까?

라 살라 데 고야

¿La sala de Goya?

▶ 1층입니다.

에스따 엔 라 쁠란따 바하

Está en la planta baja.

관광 안내

관광 명소

박물관

관광

도움이 되는 활용 어휘

여행사	agencia de viajes 아헨시아 데 비아헤스
예약	reserva 레세르바
티켓	boleto 볼레또
지도	mapa 마빠
관광안내책자	folleto turístico 포예또 뚜리스띠꼬
가이드	guía 기아
산책	paseo 빠세오
정기관광	excurción turística 엑스끄루씨온 뚜리스띠까
장소	lugar 루가르
요금	precio 쁘레씨오
교통수단	medios de transporte 메디오스 데 뜨란스뽀르떼
출발시간	hora de salida 오라 데 살리다
도착시간	hora de regreso 오라 데 레그레소
시내중심	centro de la ciudad 쎈뜨로 데 라 씨우닷
교외	suburbios 수부르비오스

관광안내

버스터미널	terminal de autobuses	떼르미날 데 아우또부세스
여행일정표	itinerario	이띠네라리오
출구	salida	살리다
입구	entrada	엔뜨라다
안내소	información	인포르마씨온
휴게소	sala para descansar	살라 빠라 데스깐사르
입장료	precio de la entrada	쁘레씨오 데 라 엔뜨라다

도움이 되는 활용 어휘

미술관	galería de artes	갈레리아 데 아르떼스
전시장	exposición	엑스뽀시시온
박람회	feria	페리아
공원	parque	빠르께
교회	iglesia	이글레시아
성당	catedral	까떼드랄
성	castillo	까스띠요
궁전	palacio	빨라씨오
건축물	edificio	에디피씨오
연못	estanque	에스땅께
광장	plaza	쁠라사
수도원	convento	꼰벤또
의사당	parlamento	빠를라멘또
나라	país	빠이스
주州	provincia	쁘로빈씨아

관광명소

시市	ciudad	씨우닫
동洞	pueblo	뿌에블로
섬	isla	이스라
산	montaña	몬따냐
강	río	리오
숲	bosque	보스께
기념물	monumento	모누멘또
축제	fiesta	피에스따
수하물보관소	consigna	꼰씨그나

도움이 되는 활용 어휘

박물관	museo 무세오
성인	adulto 아둘또
학생	estudiante 에스뚜디안떼
어린이	niño 니뇨
개관시간	hora de apertura 오라 데 아뻬르뚜라
폐관시간	hora de cierra 오라 데 씨에라
입구	entrada 엔뜨라다
출구	salida 살리다
가이드	guía 기아
안내도	mapas de información 마빠스 데 인포르마씨온
팜플렛	folleto 포예또
특별전	exposición especial 엑스뽀씨씨온 에스뻬씨알
작품	obra 오브라
그림	cuadro 꾸아드로
조각	escultura 에스꿀뚜라

박물관

고전	clásico 끌라씨꼬
현대	moderno 모데르노
시대	época 에뽀까
작가	autor 아우또르
기념품	recuerdos 레꾸에르도스
그림엽서	postales 뽀스딸레스
사진촬영금지	Se prohibe tomar fotos 쎄 쁘로이베 또마르 포또스
플래쉬금지	Se prohibe usar flash 쎄 쁘로이베 우사르 플라쉬

여흥

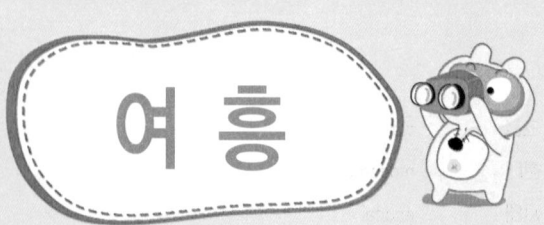

다민족·지형적·기후적 영향으로 스페인의 음악·미술은 지역마다 특색있고 다양하다. 안달루시아지방의 판당고, 안달루시아 남부의 집시로부터 발전한 플라맹고, 카탈루냐의 사르다나, 아라곤의 호타, 발레아레스제도의 볼레로 등이 잘 알려져 있다.

투우

Corrida de Toros 꼬리다 데 또르스라 불리는 스페인의 국민적 행사로 3월 중순 발렌시아 불꽃축제부터 10월 중순까지 매주 일요일과 공휴일에 개최된다. 특히 성 이시도로 축제(5월15일)를 전후한 2주 사이에는 매일 개최되며, 남부지역의 경우에는 겨울에도 투우 경기가 열린다.

투우에서 살생이 없어서는 안 될 요소이긴 하지만, 그것이 최고의 구경거리는 아니며, 투우사와 수소의 솜씨 즉, **Pase** 파세가 최고라고 하겠다.

축구

Real Madrid 레알 마드리드 와 스페인에서 손꼽히는 규모의 Bernabeu Stadium 은 세계적으로 유명하다.

플라맹고

스페인뿐만 아니라 세계적으로 유명한 쇼로, **tablao** 타블라오 라는 극장식 레스토랑 쇼장에서 공연한다. 대표적인 타블라오는 'Corral de la Moreria' 와 'Cafe de Chintas' 가 있으며 세계적인 무용수들이 출연한다.

음료수나 식사와 더불어 즐길 수 있으나, 식사를 곁들이면 요금부담이 커서 경제적으로 플라맹고를 즐기려면 저녁 9시 이후에 입장해 간단한 음료수를 마시며 관람하는 것이 좋다. 백년의 전통을 가진 프렌치캉캉의 물랑루즈, 세련된 쇼로 알려진 리도, 우수한 스트립의 크레이지 호오스 등은 세계적인 유명한 나이트클럽이다.

여흥

공연이나 쇼를 관람할 때는 쉬는 날, 개관, 폐관 시간 등을 잘 알아보고 교통편도 미리 조사해 놓는다.

자주 쓰이는 표현 _ 1

- **투우** 를 보고 싶습니다.

  끼에로 베르 로스 또로스
  Quiero ver los toros.

···▶ 함께 갑시다.

  바모스 훈또스
  Vamos juntos.

바꿔 말하기

- 영화　　una película　우나 뻴리꿀라
- 서커스　el circo　　　엘 씨르꼬
- 오페라　la ópera　　　라 오뻬라
- 플라맹고　el flamenco　엘 플라멩꼬

공연

자주 쓰이는 표현 _ 2

공연

스포츠

주점

여흥

- 영화관이 어디에 있습니까?

  돈데 에스따 엘 씨네
  ¿Dónde está el cine?

⋯▶ 우측 끝에 있습니다.

  에스따 엔 라 오리야 데레차
  Está en la orilla derecha.

바꿔 말하기

- **투우장** la plaza de toros 라 쁠라사 데 또로스
- **극장**   el teatro   엘 떼아뜨로

유용한 표현

▼ **오늘밤은 무엇을 공연합니까?**

께 뽀넨 에스따 노체
¿Qué ponen esta noche?

▼ **이 영화에 누가 출연합니까?**

끼엔 살레 엔 에스따 뻴리꿀라
¿Quién sale en esta película?

▼ **공연이 몇 시에 시작합니까?**

아 께 오라 엠뻬에사 라 푼씨온
¿A qué hora empieza la función?

▼ **몇 시에 끝납니까?**

아 께 오라 떼르미나
¿A qué hora termina?

▼ **중간에 휴식시간이 있습니까?**

아이 엔뜨레악또
¿Hay entreacto?

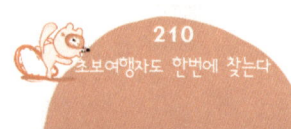

▼ 내일 8시 표로 주세요.

  빠라 마냐나 알 라스 오쵸
  Para mañana a las ocho.

▶ 어떤 좌석을 원하십니까?

  께 로깔리다데스 끼에레
  ¿Qué localidades quiere?

▼ 중앙으로 주세요.

  쎈뜨랄레스 뽀르 파보르
  Centrales, por favor.

▼ 특별석으로 주세요.

  아시엔또 데 빨꼬 뽀르 파보르
  Asiento de palco, por favor.

▼ 이 자리들은 비어 있습니까?

  에스딴 리브레스 에스또스 아시엔또스
  ¿Están libres estos asientos?

공연

스포츠

주점

여흥

여흥

투우의 공식적인 행사는 3월에 '발렌시아 불 축제'로 시작되며 10월 '사라고사의 삘라르 축제'로 막을 내린다. 본격적인 시즌은 5~9월이다.

자주 쓰이는 표현 _ 1

- 축구를 하고 싶습니다.

  끼에로 후가르 알 풋볼
  Quiero jugar al fútbol.

⋯▸ 함께 축구합시다.

  바모스 아 후가르 알 풋볼
  Vamos a jugar al fútbol.

바꿔 말하기

- 야구 béisbol 베이스볼
- 골프 golf 골프
- 테니스 tenis 떼니스

스포츠

자주 쓰이는 표현 _ 2

- 자전거를 빌리고 싶습니다.

  끼에로 알낄라르 우나 비씨끌레따
  Quiero alquilar una bicicleta.

…▶ 몇 시간을 빌리겠습니까?

  꾸안따스 오라스 라 알낄라라
  ¿Cuántas horas la alquilará?

공연

스포츠

주점

여흥

바꿔 말하기

- 배　　　　una lancha　　　　우나 란차
- 라켓　　　una raqueta　　　 우나 라께따
- 스키　　　un esquí　　　　 운 에스끼
- 테니스 코트　una cancha de tenis　우나 깐차 데 떼니스

유용한 표현

▼ 경치 좋은 스키장이 있습니까?

아이 알구나 삐스따 데 에스끼 꼰 부에나 비스따

¿Hay alguna pista de esquí con buena vista?

▼ 모든 장비를 빌리고 싶습니다.

끼에로 알낄라르 엘 에끼뽀 꼼쁠레또

Quiero alquilar el equipo completo.

▼ 축구경기를 보고 싶습니다.

끼에로 베르 알군 빠르띠도 데 풋볼

Quiero ver algún partido de fútbol.

▶ 일요일에 축구경기가 있습니다.

아이 운 빠르띠도 데 풋볼 엘 도밍고

Hay un partido de fútbol el domingo.

▼ 어느 팀의 경기입니까?

께 에끼뽀스 후에간

¿Qué equipos juegan?

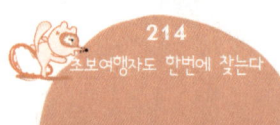

▼ 경기장이 어디에 있습니까?

돈데 에스따 엘 에스따디오
¿Dónde está el estadio?

▼ 거기에 어떻게 갑니까?

꼬모 뿌에도 이르 아이
¿Cómo puedo ir allí?

▼ 입장권은 어디에서 삽니까?

엔 돈데 뿌에도 꼼쁘라르 라 엔뜨라다
¿En dónde puedo comprar la entrada?

▶ 당일에 표를 살 수 있습니다.

뿌에데 꼼쁘라르 라 엔뜨라다 엘 미스모 디아 아끼
Puede comprar la entrada el mismo día aqui.

▼ 몇 시에 경기가 시작 됩니까?

아 께 오라 엠삐에사 엘 빠르띠도
¿A qué hora empieza el partido?

공연

스포츠

주점

여흥

여흥

스페인 사람들이 자주 이용하는 **타파스 바**Tapas bar 는 선술집 정도로 보면 된다.

자주 쓰이는 표현 _ 1

- 디스코텍이 있습니까?

  아이 알구나 디스꼬떼까

  ¿Hay alguna discoteca?

···▶ 정장을 입고 오세요.

  뽕가쎄 엘 트라헤 데 에띠께따

  Póngase el traje de etiqueta.

바꿔 말하기

- 파트너와 함께 오셔야 합니다.   Hay que venir con su pareja.
  아이 께 베니르 꼰 수 빠레하

주점

타파스는 술을 마실 때 간단하게 곁들이는 안주를 통칭하는 말로 햄이나 **초리쏘**소세지의 일종, 스페인식 오믈렛 등 종류는 다양하다.

 ### 자주 쓰이는 표현 _ 2

- 귀엽군요.

    께 보니따

    ¡Qué bonita!

···▶ 감사합니다.

   그라씨아스

   Gracias.

바꿔 말하기

- 멋있는 guapo 구아뽀
- 재미있는 interesante 인떼레산떼

공연

스포츠

주점

여흥

유용한 표현

▼ 입장료는 얼마입니까?

꾸안또 에스 라 엔뜨라다
¿Cuánto es la entrada?

▶ 코트와 가방을 이리로 주십시오.

데메 엘 아브리고 이 라 말레따
Deme el abrigo y la maleta.

▼ 음료수는 무료입니까?

에스 라 베비다 그라띠스
¿Es la bebida gratis?

▶ 어서 오십시오. 몇 분이십니까?

빠쎄. 꾸안따스 뻬르소나스
Pase. ¿Cuantas personas?

▶ 무엇을 마시겠습니까?

께 끼에레 베베르
¿Qué quiere beber?

▼ 맥주 주십시오.

쎄르베사 뽀르 파보르
Cerveza, por favor.

▶ 안주는 무엇으로 하시겠습니까?

께 뗀뗀삐에 아니시요 끼에렌
¿Qué tentenpié anisillo quieren?

▼ 과일 샐러드를 주십시오.

엔살라다 데 프루따 뽀르 파보르
Ensalada de fruta, por favor.

▼ 건배합시다!

바모스 아 브린다르
¡Vamos a brindar!

▶ 저와 함께 춤추시겠습니까?

끼에레 바일라르 꼰미고
¿Quiere bailar conmigo?

공연

스포츠

주점

여흥

도움이 되는 활용 어휘

음악회	concierto	꼰씨에르또
음악당	salón de concierto	살론 데 꼰씨에르또
극장	teatro	떼아뜨로
발레	ballet	바옛
뮤지컬	musical	무씨깔
오케스트라	orquesta	오르께스따
영화	cine	씨네
춤	baile	바일레
가수	cantante	깐딴떼
집시	gitano	히따노
투우	corrida de toros	꼬리다 데 또로스
투우장	plaza de toros	쁠라사 데 또로스
투우사	torero	또레로
망토	capa	까빠
붉은 천의 막대기	muleta	무레따
칼	espada	에스빠다
무대	escena	에스쎄나

공연·스포츠

골프	golf 골프
골프장	campo de golf 깜뽀 데 골프
수영	natación 나따씨온
수영장	piscina 삐스씨나
테니스	tenis 떼니스
자진거타기	ciclismo 씨끌리스모
승마	equitación 에끼따씨온
스키	esquí 에스끼
스케이트	patinaje 빠띠나케
축구	fútbol 풋볼
야구	béisbol 베이스볼
볼링	boliche 볼리체
배구	volibol 볼리볼
농구	baloncesto 발론쎄스또
써핑보드	tablas de surf 따블라스 데 수르프
수상스키	esquí acuático 에스끼 아꾸아띠꼬
스킨스쿠버	buceo 부세오

전 화

한국으로 전화를 걸 때는 각자 본인 휴대전화 로밍서비스, e-SIM(이심), u-SIM(유심)을 이용할 수도 있고 호텔 객실 내 전화기를 사용하여 수신자부담 전화를 할 수도 있다.

🐹 휴대전화 사용

이제는 세계 어디를 가든 휴대전화 하나만 있으면 통화 뿐만 아니라, 메신저로 연락을 주고 받을 수 있고 이외에도 카메라, 네비게이션으로 활용하고 인터넷을 통해 여러 정보를 얻기에 아주 유용하다.

외국에서 휴대전화를 사용하는 방법은 크게 세 가지이다.

첫째는 외국으로 출발하기 전에 미리 국내에 가입되어 있는 기존 통신사에 로밍서비스를 이용하는 것이고, 두번째는 외국도착 후에 공항이나 시내에서 또는 국내에서 **e-SIM** 이심칩 **USIM** 유심칩을 구입하여 사용하는 방법이다. 세번째는 국내에서 포켓용 와이파이를 미리 대여해 가는 것이다.

각각 장단점이 있으므로 비용이 유리한 쪽이나 편리한 쪽으로 선택하면 된다.

국제전화 걸기

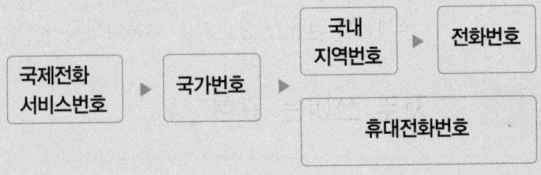

★ 스페인에서 한국 서울의 123-4567로 전화할 때

+34 + **82** + **2** + **123-4567**

국제전화   한국   서울   전화번호
서비스번호

▶ 국내 지역번호의 '0'은 사용하지 않음
▶ 서울 : 02 → 2 / 부산 : 051 → 51 / 인천 : 032 → 32

★ 스페인에서 한국 휴대전화 010-1234-5678로 전화할 때

+34 + **82** + **10-1234-5678**

국제전화   한국   휴대전화번호
서비스번호

▶ 휴대전화번호 앞자리의 '0'은 사용하지 않음

전화

보통 호텔 객실에 전화가 설치되어 있어 국제전화를 걸 수도 있지만, 요금이 비싸므로 가능한 한 국제전화 겸용 공중전화를 이용하도록 한다.

자주 쓰이는 표현 _ 1

- 국제전화를 하고 싶습니다.

    끼에로 라세르 우나 야마다 인떼르나씨오날

    Quiero racer una llamada internacional.

…▶ 어느 나라입니까?

께 빠이스

¿Qué país?

바꿔 말하기

- 긴급통화 llamada urgente — 야마다 우르헨떼
- 지명통화 llamada personal — 야마다 뻬르소날
- 보통통화 llamada ordinaria — 야마다 오르디나리아
- 콜렉트콜 llamada a cobro revertido — 야마다 아 꼬브로 레베르띠도

국제전화

국제 전화
전화

 자주 쓰이는 표현 _ 2

- 한국에 전화 걸고 싶습니다.
  끼에로 뗄레포네아르 아 꼬레아
  Quiero telefonear a Corea.

···▶ 잠시만 기다리세요.
  운 모멘또 뽀르 파보르
  Un momento, por favor.

바꿔 말하기

- 서울 Seúl 세울
- 일본 japón 하폰

유용한 표현

▼ 공중전화는 어디에 있습니까?

돈데 에스따 엘 뗄레포노 뿌블리꼬
¿Dónde está el teléfono público?

▼ 얼마를 넣어야 합니까?

꾸안또 디네로 데보 메떼르
¿Cuánto dinero debo meter?

▼ 이 전화로 직접 외국으로 전화할 수 있습니까?

뿌에도 야마르 디렉또 알 에스뜨랑헤로 데스데 에스떼 뗄레포노
¿Puedo llamar directo al extranjero desde este teléfono?

▼ 한국의 국가번호를 부탁합니다.

엘 누메로 데 꼬레아 뽀르 파보르
El número de Corea, por favor.

▼ 여보세요, 서울로 콜렉트콜 부탁합니다.

오이가, 우나 야마다 아 꼬브로 레베르띠도 아 세울
¡Oiga! Una llamada a cobro revertido a Seúl.

▶ 누구와 통화하시겠습니까?

꼰 끼엔 끼에레 아블라르
¿Con quién quiere hablar?

▼ 서울 789-3456입니다.

씨에떼 오쵸 누에베 뜨레스 꽈뜨로 씬꼬 쎄이스 데 세울
789-3456 de Seúl.

▶ 제가 부를 때까지 기다려 주세요.

에스뻬레 아스따 께 레 야메
Espere hasta que le llame.

▶ 전화를 내려놓으세요. 잠시 후에 부르겠습니다.

꾸엘게, 레 야마레 마스 따르데
Cuelgue. Le llamaré más tarde.

국제 전화

전화

유용한 표현 ‖ 전화표현

▶ 잠시만 기다리세요. 끊지 마세요.

운 모멘또, 노 꾸엘게
Un momento, no cuelgue.

▶ 나왔습니다. 말씀하세요.

엘 에스따 알 뗄레포노. 아블레 뽀르 파보르
El está al teléfono. Hable, por favor.

▶ 전화를 안 받습니다.

나디에 꼰떼스따
Nadie contesta.

▶ 통화중입니다.

에스따 오꾸빠도
Está ocupado.

▼ 메모를 남길 수 있습니까?

뿌에도 데하를레 운 레까도
¿Puedo dejarle un recado?

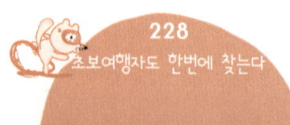

▼ 나중에 다시 걸겠습니다.

볼보레 아 야마를레 마스 따르데
Volveré a llamarle más tarde.

▼ 마드리드 호텔 전화번호를 부탁합니다.

엘 누메로 데 뗄레포노 델 오뗄 마드리드 뽀르 파보르
El número de teléfono del Hotel Madrid, por favor.

▼ 천천히 말씀해 주세요.

데스빠씨오 뽀르 파보르
Despacio, por favor.

▼ 이 전화는 고장 났습니다.

에스떼 뗄레포노 노 안다 비엔
Este teléfono no anda bien.

▼ 죄송합니다. 잘 못 걸었습니다.

뻬르돈. 에끼보까도
Perdón. Equivocado.

긴급

물건을 분실 도난당하였거나 병이 나는 등의 사고 시 바로 전화로 교환에게 연락하면 상황에 따라 경찰이나 병원 등으로 연결해 준다. 가이드 또는 한국대사관이나 총영사관 교민회 등 한국어가 통하는 곳에 연락하여 도움을 받도록 한다.

약국

스페인에서는 보통 의사의 처방이 있어야 약을 구입할 수 있다. 그러나 아스피린 같은 간단한 약들은 의사의 처방전 없이도 구입할 수 있다. 만일을 대비해 출국할 때는 간단한 비상약품은 준비해 가도록 한다.

화장실

나라에 따라 다르지만 스페인에서는 공중 화장실이 대부분 유료 화장실이므로 반드시 동전을 충분히 준비하고 다니도록 한다. 사정은 급한 데 주위에 화장실이 보이지 않을 때는 근처에 있는 호텔, 관공서, 백화점, 주유소, 패스트푸드점의 화장실은 무료로 가능하고 위생이나 치안이 우수하다.

긴급전화

- **주스페인 대한민국 대사관**
  - Tel: (34)91-353-2000 / Fax: (34)91-353-2001
  - 주소: C/ González Amigó 15, 28033 Madrid
  - **일반 업무(월요일~금요일):**
    오전(09:00-14:00), 오후(16:00-18:00)
  - **영사업무(민원서류 접수):** 09:00-14:00

  - 단, 여권분실 등 위급한 사건 발생 시 민원 편의제공을 위해
    근무시간 이외의 경우 대표전화 또는 비상시 연락처로 연락 가능
  (음성안내로 당직자 휴대전화번호 안내)
  - **영사콜센터 긴급전화:** +34-648-924-695

    (야간 및 휴일 사건·사고 발생 시)
- **사건, 사고** 국립경찰 : 091/ 시경 : 092/ 위급상황 : 112
- **물건분실** 일반분실물 : 91-588-4346

    택시에서의 분실물 : 91-588-4344
- **구급센터** Insalud: 061 / Samur: 092
- **야간·공휴일 약국 문의** : 098

긴급

외국 여행자를 노린 소매치기들이 많으므로 관광지나 지하철 등에서는 주의한다.

자주 쓰이는 표현 _ 1

- **카메라를 잃어버렸습니다.**

  에뻬르디도 라 까마라
  He perdido la cámara.

▶ **어떤 카메라입니까?**

  꼬모 에라 라 까마라
  ¿Cómo era la cámara?

바꿔 말하기

- **여권** el pasaporte 엘 빠사뽀르떼
- **시계** el reloj 엘 레로흐
- **열쇠** la llave 라 야베
- **지갑** la cartera 라 까르떼라

분실/도난

여권 재발행시에 필요하므로 2장의 사진과 여권 복사본을 따로 보관해 두도록 한다.

자주 쓰이는 표현 _ 2

- 한국대사관에 연락해 주세요.

  야메 알 라 엠바하다 데 꼬레아

  Llame a la Embajada de Corea.

···▶ 예, 연락하겠습니다.

  씨, 야마레

  Sí, llamaré.

바꿔 말하기

- 경찰   la policía   라 뽈리씨아
- 마드리드 은행   al banco de Madrid   알 방꼬 데 마드릿

유용한 표현

▼ 제 여권을 잃어버렸습니다.

에 뻬르디도 미 빠싸뽀르떼

He perdido mi pasaporte.

▶ 어디서 잃어버렸습니까?

엔 돈데 로 아 뻬르디도

¿En dónde lo ha perdido?

▼ 한국대사관에 연락하고 싶습니다.

끼에로 야마르 알 라 엠바하다 데 꼬레아

Quiero llamar a la Embajada de Corea.

▼ 여권 재발급하는데 무엇이 필요합니까?

께 쎄 네쎄씨따 빠라 엘 빠싸뽀르떼

¿Qué se necesita para el pasaporte?

▶ 발급증명서가 필요합니다.

쎄 네쎄씨따 엘 쎄르띠피까도 데 에미시온

Se necesita el certificado de emisión.

▶ 분실증명서를 적어 주세요.

에스끄리바 운 쎄르띠피까도 데 뻬르디다
Escriba un certificado de pérdida.

분실
도난

▶ 주소를 써 주세요.

에스끄리바 수 디렉씨온 뽀르 파보르
Escriba su dirccción, por favor.

질병

▼ 제 카메라를 찾을 수가 없습니다.

긴급

노 뿌에도 엔꼰뜨라르 미 까마라
No puedo encontrar mi cámara.

▼ 도와주세요! / 도와줘!

아유덴메 / 소꼬로
¡Ayúdenme! / ¡Socorro!

▼ 지갑을 도난당했어요.

메 안 로바도 라 까르떼라
Me han robado la cartera.

긴급

약국에서 의사의 처방전이 없으면 약을 팔지 않으므로 간단한 비상약 등은 미리 준비해 가고 병원에서는 아픈 부분을 손으로 가리켜도 된다.

자주 쓰이는 표현 _ 1

- 증상이 어떻습니까?

  께 씬또마스 띠에네

  ¿Qué síntomas tiene?

열이 있습니다.

뗑고 피에브레

Tengo fiebre.

바꿔 말하기

- 두통   dolor de cabeza   돌로르 데 까베사
- 구토   vómitos   보미또스
- 설사   diarrhea   디아레아
- 오한   escalofríos   에스까로프리오스

질병

 ## 자주 쓰이는 표현 _ 2

- 내과에 가고 싶습니다.
  끼에로 이르 알 인떼르니스따
  Quiero ir al internista.

⋯▶ 당신과 함께 가겠습니다.
  보이 꼰 우스뗃
  Voy con usted.

분실
도난

질병

긴급

바꿔 말하기

- 치과 dentista 덴띠스따
- 안과 oculista 오꿀리스따
- 외과 cirujano 씨루하노
- 약국 a la farmacia 아 라 파르마씨아

유용한 표현

▼ 의사를 불러 주세요.

야메 운 메디꼬
Llame un médico.

▶ 어디가 안 좋으세요?

꼬모 쎄 씨엔떼
¿Cómo se siente?

▼ 배가 아픕니다.

메 두엘레 엘 에스또마고
Me duele el estómago.

▶ 언제부터 통증이 있습니까?

데스데 꾸안도 띠에네 돌로르
¿Desde cuándo tiene dolor?

▼ 어제 밤부터입니다.

데스데 아예르 뽀르 라 노체
Desde ayer por la noche.

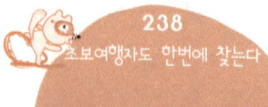

▼ 여기가 아픕니다.

메 두엘레 아끼
Me duele aquí.

▼ 감기에 걸렸습니다.

에스또이 레스프리아도
Estoy resfriado.

▶ 처방전입니다.

에스따 에스 라 레쎄따 빠라 우스뗃
Esta es la receta para usted.

▼ 계속 여행을 할 수 있을까요?

뿌에도 세기르 비아한도
¿Puedo seguir viajando?

▶ 2~3일 쉬어야만 합니다.

띠에네 께 구아르다르 레뽀소 도스 오 뜨레스 디아스
Tiene que guardar reposo dos o tres días.

분실 도난

질병

긴급

유용한 표현

▼ 걸을 수가 없습니다.

노 뿌에도 안다르

No puedo andar.

▼ 앰뷸런스를 불러 주세요.

뽀르 파보르 야메 우나 암불란시아

Por favor llame una ambulancia.

▼ 토해야 할 것 같아요.

씨엔또 가나스 데 보미따르

Siento ganas de vomitar.

▼ 피가 납니다.

메 살레 상그레

Me sale sangre.

▼ 눕고 싶습니다.

끼에로 아꼬스따르메

Quiero acostarme.

▼ 목이 심하게 아파요.

뗑고 운 그란 돌로르 데 가르간따

Tengo un gran dolor de garganta.

▶ 심각하지 않습니다.

노 에스 나다 그라베

No es nada grave.

▼ 좀 나아졌습니다.

메 엔꾸엔뜨로 운 뽀꼬 메호르

Me encuentro un poco mejor.

▼ 잠시 휴식하려고 합니다.

보이 아 데스깐사르 운 뽀꼬

Voy a descansar un poco.

▼ 두통에 먹을 약 좀 주세요.

데메 라 메디씨나 빠라 엘 돌로르 데 까베사

Déme la medicina para el dolor de cabeza.

분실
도난

질병

긴급

도움이 되는 활용 어휘

전화	teléfono	뗄레포노
공중전화	teléfono público	뗄레포노 뿌블리꼬
공중전화박스	cabina telefónica	까비나 뗄레포니까
시내전화	llamada urbana	야마다 우르바나
시외전화	llamada interurbana	야마다 인떼르우르바나
국제전화	llamada internacional	야마다 인떼르나씨오날
교환수	operadora	오뻬라도라
국가번호	número del país	누메로 델 빠이스
전화번호	número de teléfono	누메로 데 뗄레포노
전화번호부	guía telefónica	기아 뗄레포니까
교환	telefonista	뗄레포니스따
시외국번	prefijo	쁘레피코
잔돈	monedas	모네다스

전화 · 분실/도난

도둑	ladrón 라드론
소매치기	ratero 라떼로
도난	robo 로보
한국대사관	Embajada de Corea 엠바하다 데 꼬레아
경찰서	puesto de policía 뿌에스또 데 뽈리씨아
경찰	policía 뽈리씨아
현금	efectivo 에펙띠보
신용카드	tarjeta de crédito 따르헤따 데 끄레디또
여행자수표	cheques de viajero 체께스 데 비아헤로
귀금속	joyas preciosas 호야스 쁘레씨오사스
지갑	cartera 까르떼라
여권	pasaporte 빠싸뽀르떼
재발행	expedir de nuevo 엑스뻬디르 데 누에보
발행사본	copia de emisión 꼬삐아 데 에미씨온
분실증명서	certificado de pérdida 쎄르띠피까도 데 뻬르디다

도움이 되는 **활용 어휘**

의사	médico	메디꼬
병원	hospital	오스삐딸
구급차	ambulancia	암불란씨아
약국	farmacia	파르마씨아
천식	asma	아스마
당뇨	diabetes	디아베떼스
두드러기	urticaria	우르띠까리아
알레르기	alergia	알레르히아
타박상	contusión	꼰뚜씨온
출혈	hemorragia	에모라히아
감기	resfriado	레스프리아도
독감	gripe	그리뻬
허리	cintura	씬뚜라
가슴	pecho	뻬쵸
혈압	presión arterial	쁘레씨온 아르떼리알

질병

체온	temperatura del cuerpo	뗌뻬라뚜라 델 꾸에르뽀
소화불량	indigestión	인디헤스띠온
붕대	venda	벤다
약	medicina	메디씨나
아스피린	aspirina	아스삐리나
진통제	calmante	깔만떼
소독약	desinfectante	데스인펙딴떼

귀 국

여행사의 단체관광이 아니라면 반드시 좌석을 미리 예약하고 확인하도록 한다. 재확인하지 않으면 예약이 취소될 수도 있다. 귀국할 때는 빠뜨린 짐이 없는가를 잘 확인하고 늦지 않게 공항에 도착하도록 하자.

출국순서

- **예약확인** Reconfirmation

  개인적으로 여행을 하는 경우 출발 72시간 전까지 항공사에 전화를 하던지 카운터에서 예약 재확인을 할 필요가 있다.

- **출국심사**

  출발 2시간 전 공항에 도착하여 탑승수속을 한다. 짐을 부친 후 출국심사 카운터에서 여권과 **Boarding Pass** 탑승권를 제시한다.

입국 수속

검역 ⇨ 입국심사 ⇨ 세관

여행자 휴대품 신고 안내

- **면세통로** 녹색
  1. 해외에서 구입한 물품의 총 가격이 $800미만인 경우
  2. 술 : 주류 2병(총 2ℓ 이하, $400이하)
  3. 담배 200개비
     *단. 만19세 미만의 미성년자가 반입하는 주류 및 담배는 제외
  4. 향수 약 60㎖ 이하

- **자진신고 검사대** 백색

  면세 통과 해당 이외의 물품을 가진 사람

- **반입금지**
  1. 과일·육류 등 검역 물품
  2. 가짜상품
  3. 향전신성 의약품
  4. 위조·모조·변조 화폐
  5. 총포·도검류

유용한 표현

▶ 표 있습니까?

띠에네 비예떼
¿Tiene billete?

▼ 없습니다. 지금 사려고 합니다.

노. 끼에로 꼼쁘라를로 아오라
No. Quiero comprarlo ahora.

▶ 왕복입니까?

데 이다 이 부엘따
¿De ida y vuelta?

▼ 편도입니다.

데 이다
De ida.

▶ 월요일에 비행기 좌석이 있습니다.

아이 쁠라사스 엔 엘 아비온 델 루네스
Hay plazas en el avión del lunes.

▼ 더 빠른 비행기는 없습니까?

노 아이 오뜨로 부엘로 안떼스
¿No hay otro vuelo antes?

▶ 미안합니다. 없습니다.

로 씨엔또. 노 아이
Lo siento. No hay.

▼ 비행기 날짜를 바꾸고 싶습니다.

끼에로 깜비아르 라 페차 델 부엘로
Quiero cambiar la fecha del vuelo.

▶ 무슨 요일을 원하십니까?

께 디아 끼에레
¿Qué día quiere?

▼ 토요일입니다.

엘 싸바도 뽀르 파보르
El sábado, por favor.

유용한 표현

▼ 예약을 재확인하고 싶습니다.

끼에로 레꼰피르마르 미 부엘로
Quiero reconfirmar mi vuelo.

▶ 언제입니까?

디가메 엘 누메로 데 부엘로 이 라 페차 뽀르 파보르
Dígame el número de vuelo y la fecha, por favor.

▼ 8월15일 서울행 808편입니다.

엘 부엘로 아 세울 오초 쎄로 오초 델 디아 낀쎄 데 아고스또
El vuelo a Seúl 808 del día 15 de agosto.

▶ 성함을 말씀해 주세요.

수 놈부레 뽀르 파보르
Su nombre, por favor.

▶ 예약이 확인되었습니다.

께다 레꼰피르마도 엘 부엘로
Queda reconfirmado el vuelo.

▼ 비행기가 몇 시에 출발합니까?

아 께 오라 살레 엘 부엘로
¿A qué hora sale el vuelo?

▶ 내일 오전 9시입니다.

알 라스 누에베 데 라 마냐나
A las nueve de la mañana.

▼ 비행시간은 얼마나 걸립니까?

꾸안따스 오라스 두라 엘 부엘로
¿Cuántas horas dura el vuelo?

▼ 부산으로 가는 직항편이 있습니까?

아이 알군 부엘로 디렉또 빠라 부산
¿Hay algún vuelo directo para Pusan?

도움이 되는 활용 어휘

출국	salida del país 살리다 델 빠이스
여권	pasaporte 빠싸뽀르떼
직행	directo 디렉또
항공권	billete de avión 비예떼 데 아비온
예약재확인	reconfirmación 레꼰휘르마씨온
대기자명단	lista de espera 리쓰따 데 에스뻬라
공항세	derechos de aeropuerto 데레쵸스 데 아에로뿌에르또
면세품	artículos libres impuesto 아르띠꿀로스 리브레스 임뿌에스또

환전할 때

스페인어를 몰라도 이 카드를 이용하면 환전할 수 있습니다.

▷▶ Cambie esto en euros, por favor.
　　이 돈을 유로로 바꿔주십시오.

Billete 지폐
- ☐ 500 euro 500유로 _____
- ☐ 200 euro 200유로 _____
- ☐ 100 euro 100유로 _____
- ☐ 50 euro 50유로 _____
- ☐ 20 euro 20유로 _____
- ☐ 10 euro 10유로 _____
- ☐ 5 euro 5유로 _____

Moneda 동전
- ☐ 2 euro 2유로 _____
- ☐ 1 euro 1유로 _____
- ☐ 50 euro cent 50유로센트 _____
- ☐ 20 euro cent 20유로센트 _____
- ☐ 10 euro cent 10유로센트 _____
- ☐ 5 euro cent 5유로센트 _____
- ☐ 2 euro cent 2유로센트 _____
- ☐ 1 euro cent 1유로센트 _____

Total 합계 : _____ euros

▷▶ Deme el resto en suelto, por favor.
　　나머지는 잔돈으로 주십시오.

승차권구입

▷▷ Billetes para _____ por favor.
  _____행을 주십시오.

☐ Adulto _____ hoja   ☐ Niño _____ hoja
  어른 _____ 장   아이 _____ 장

☐ ida y vuelta _____ 왕복   ☐ ida _____ 편도

☐ Fecha 날짜

월	일	시간
① _____(mes)	_____(día)	_____(hora)
② _____(mes)	_____(día)	_____(hora)
③ _____(mes)	_____(día)	_____(hora)

☐ El asiento de fumar 흡연석   ☐ El asiento de no fumar 금연석
☐ De primera 1등석   ☐ De segunda 2등석

▷▷ Escriba el precio, por favor.
  요금을 써 주십시오.

Total 합계 : _____

환전할때

승차권구입

분실도난시

아플때

처방

여행자메모

부록

분실·도난시

▷▶ _____를 잃어버렸습니다.

Perdí mi
- pasaporte 여권
- cheque de viajero 여행자수표
- cámara 카메라
- cartera 지갑
- tarjeta de crédito 신용카드
- bolsa 가방
- boleto 항공권
- _____ 기타

▷▶ _____에서 도난당했습니다.

Se me robó
- en el autobús 버스 안에서
- en el metro 지하철에서
- en la estación 역에서
- en la calle 길에서
- en el servicio 화장실에서
- _____ 기타

분실 · 도난시

▷▶ _____에 연락해 주십시오.

Llame a ☐ la policía 경찰서
☐ la embajada de Corea 한국대사관
☐ esto número 이 번호로
Tel : _____
미리 연락할 곳을 적어놓자

▷▶ _____를 써 주십시오.

Escriba ☐ el certificado de pérdida 분실증명서
☐ el certificado de accidente 사고증명서
☐ _____ 기타

▷▶ _____를 재발행해 주십시오.

Revise ☐ el cheque de viajero 여행자수표 por favor.
☐ el pasaporte 여권
☐ el tarjeta de crédito 신용카드
☐ _____ 기타

환전할때

승차권구입

분실도난시

아플때

처방

여행자메모

부록

아플 때

병원에서 아래 사항에 ✔해서 접수처에 제시하십시오.

El dato personal 신상기록

- Nombre 이름 : _____ 스페인어로
- Edad 연령 : _____
- Sexo 성별 : ☐ hombre 남자 ☐ mujer 여자
- Nacionalidad 국적 : Corea 한국인
- Sangre 혈액형 : _____
- número de Seguridad 보험증서번호 : _____
- compañía de seguros 가입 보험회사 : _____

▷▶ _____ 가 많이 아픕니다.

Me duele mucho
- ☐ la mano izquierda 왼손
- ☐ el pie derecho 오른쪽다리
- ☐ el cuello 목
- ☐ la oreja 귀
- ☐ _____ 기타

▷▶ _____ 합니다.

Siento
- ☐ vértigo 현기증이 나다
- ☐ frío 한기가 들다
- ☐ vómito 토할 것 같다

Me siento
- ☐ cansado 나른하다
- ☐ _____ 기타

아플 때

▷▷ 최근에 수술을 받은 적이 있습니까?
He recibido la operación recién.
　□ Sí. 네　　　　□ No. 아니오

▷▷ _____부터 몸이 좋지 않습니다.

Me he sentido mal desde hace
　□ hoy 오늘
　□ anoche 어젯밤
　□ tres días 3일 전
　□ una semana 일주일 전
　□ _____ 기타

▷▷ 여행을 계속해도 좋습니까?
¿Puedo seguir viajando?
　□ Sí. 네　　　　□ No. 아니오

▷▷ 보험금 청구를 위하여 진단서, 청구서, 혹은 영수증 작성을 부탁드립니다.
Escriba el certificado médico, la nota de demanda, el recibo para pedir la suma asegurada, por favor.

처방

▷▶ _____ 다시 오십시오.

Vuelva _____, por favor.

- ☐ **mañana** 내일　**horas** _____ 시간
- ☐ **después de tres días** 3일 후에
- ☐ _____

▷▶ _____ 일간 안정을 취해 주십시오.

Manténgase tranquilo durante _____.

- ☐ _____ **días** 일
- ☐ _____ **semanas** 주

▷▶ 약을 _____ 복용하십시오.

Tome la medicina _____, por favor.

- ☐ **después de comer** 식 후
- ☐ **antes de comer** 식 전
- ☐ **una vez al día** 하루에 1번
- ☐ ____ **veces al día** 하루에 ~번

여행자메모

· 성 : · 이름 :	· 생년월일 　　　　/　　　/
· 국적 :	· 직업 :

· 나이 :	· 성별 : ☐ 남자 ☐ 여자	· 혈액형 ·

· 긴급연락처

현지 연락처 ☎	국내 연락처 ☎

- 현주소 :
- 여권번호 :
- 항공권번호 :
- 신용카드 번호 :
- 여행자수표 번호 :
- 해외여행보험 번호 :
- 현지 여행사 연락처　담당자 이름 :

　　　　　*여권과 비행기표는 반드시 복사해 둘 것!

환전할때

승차권구입

분실도난시

아플때

처방

여행자메모

부록

도움되는 한서어휘

한국어 　 스페인어

ㄱ

한국어	발음	스페인어
가게	띠엔다	tienda
가격표	에띠께따	etiqueta
가까운	쎄르까노	cercano
가다	이르	ir
가득한	예노	lleno
가렵다	삐깐떼	picante
가루	뽈보	polvo
가방	까르떼라	cartera
가볍다	리헤로	ligero
가솔린	가솔리나	gasolina
가을	오또뇨	otoño
가이드	기아	guía
가족	파밀리아	familia
가죽	꾸에로	cuero
가짜	팔시피까씨온	falsificación
가치	발로르	valor
간	이가도	higado
간결한	꼰씨소	conciso
간단한	심쁠레	simple
간호원	엥페르메라	enfermera
갈색	마론	marrón
갈아타다	깜비아르	cambiar
감각	센띠도	sentido
감기	레스프리아도	resfriado
값	쁘레씨오	precio
강	리오	río
강한	푸에르떼	fuerte
같다	미스모(마)	mismo(a)
같은	이구알	igual
개犬	뻬로	perro
개인	인디비두오	Individuo
거리街	까예	calle
거스름돈	깜비오	cambio

한국어	발음	스페인어
거울	에스뻬호	espejo
거의	까시	casi
거절하다	네가르	negar
거주자	레시덴떼	residente
거짓말	멘띠라	mentira
건강	살룻	salud
건널목	빠소 아 니벨	paso a nivel
건물	에디피씨오	edificio
건조한	세꼬	seco
걷다	안다르	andar
검역소	라사레또	lazareto
검은	네그로	negro
게이트	뿌에르따	puerta
겨울	인비에르노	invierno
겨자	모스따싸	mostaza
결정	데씨시온	desición
결혼	보다	boda
경마	까레라 데 까바요스	carrera de caballos
경찰관	뽈리씨아	policía
경찰서	꼬미사리아 데 뽈리씨아	comisaría de policía
경치	빠이사헤	paisaje
계산하다	깔꿀라르	calcular
계약(서)	꼰뜨라또	contrato
고기	까르네	carne
고려하다	꼰시데라르	considerar
고속도로	아우또뻬스따	autopista
고장	아베리아도	averiado
고층빌딩	라스까씨엘로스	rascacielos
고향	띠에라 나딸	tierra natal
곧바로	또도 렉또	todo recto
골동품	안띠구에다데스	antigüedades
골프	골프	golf
공공의	뿌블리꼬	público
공부하다	에스뚜디아르	estudiar
공손하게	꼬르떼스멘떼	cortesmente
공연	레쁘레센따씨온	representación
공원	빠르께	parque
공항	아에로뿌에르또	aeropuerto
과로	엑쎄소 데 뜨라바호	exceso de trabajo
과세	임뽀씨시온 데 임뿌에스또스	imposición de impuestos

한국어	발음	스페인어
과일	프루따	fruta
과자	골로시나	golosina
관광	뚜리스모	turismo
관광버스	아우또부스 데 뚜리스모	autobús de turismo
관세	데레초스 데 아두아나	derechos de aduana
광장	쁠라사	plaza
교외	수부르비오스	suburbios
교차점	끄루쎄	cruce
교환원	뗄레포니스따	telefonista
교환하다	깡비아르	cambiar
교회	이글레시아	iglesia
구급차	암불란씨아	ambulancia
구두	싸빠또스	zapatos
구멍	아구헤로	agujero
구입하다	꼼쁘라르	comprar
국내의	인떼리오르	interior
국적	나씨오날리닫	nacionalidad
국제의	인떼르나씨오날	internacional
굴해산물	오스뜨라	ostra
굴뚝	치메네아	chimenea
굽다	아사르	asar
굽다	도블라르세	doblarse
궁전	빨라씨오	palacio
귀	오레하	oreja
귀걸이	뻰디엔떼스	pendientes
귀중품	아르띠꿀로 쁘레씨오소	artículo precioso
규칙	레글라	regla
그램	그라모	gramo
그리다	삔따르	pintar
그림	삔뚜라	pintura
그림엽서	따르헤따 뽀스딸 일루스뜨라다	tarjeta postal ilustrada
그림책	리브로 일루스뜨라도	libro ilustrado
극장	떼아뜨로	teatro
금	오로	oro
금발	뻴로 루비오	pelo rubio
금지하다	쁘로이비르	prohibir
급행열차	뜨렌 라삐도	tren rápido
기념비	모누멘또	monumento
기념일	아니베르사리오	aniversario
기다리다	에스뻬라르	esperar

한국어	발음 / 스페인어
기대하다	에스뻬라르 / esperar
기분 나쁜	잉꼬모도 / incómodo
기쁜	알레그레 / alegre
기숙생활	인떼르나도 / Internado
기온	뗌뻬라뚜라 / temperatura
기입하다	레예나르 / rellenar
기침	또스 / tos
기혼의	까사도(다) / casado(a)
기회	오까시온 / ocasión
기후	끌리마 / clima
긴	라르고(가) / largo(a)
긴급	우르헨씨아 / urgencia
깃옷의	꾸에요 / cuello
깊은	쁘로푼도 / profundo
깨다잠을	데스뻬르따르세 / despertarse
깨닫다	꼼쁘렌데르 / comprender
꽃	플로르 / flor
꽃집	플로레리아 / florería
끌다	띠라르 / tirar
끓다	에르비르 / hervir

ㄴ

나라	빠이스 / país
나무	아르볼 / árbol
나쁜	말로(라) / malo(a)
나이든	비에호(하) / viejo(a)
낚시	뻬스까 / pesca
날	디아 / día
날것	끄루도 / crudo
날다	볼라르 / volar
날씨	띠엠뽀 / tiempo
날짜	페차 / fecha
남성의	옴브레 / hombre
남기다	데하르 / dejar
남쪽	수르 / sur
남편	마리도 / marido
낮은	바호 / bajo
냄비	오야 / olla
내과의사	인떼르니스따 / internista
내리다	바하르 / bajar
내의	로빠 인떼리오르 / ropa interior

냄새	올레르 oler
냅킨	세르비에따 servilleta
냉방장치	아꼰디씨오나르 acondicionar
냉장고	네베라 nevera
넓은	암쁠리오 amplio
넓히다	엑스뗀데르 extender
네덜란드	올란다 Holanda
넥타이	꼬르바따 corbata
노래하다	깐따르 cantar
노력	에스푸에르쏘 esfuerzo
노크하다	야마르 알 라 뿌에르따 llamar a la puerta
녹색	베르데 verde
농구	발론쎄스또 baloncesto
농부	라브라도르 labrador
농장	그랑하 granja
높은	알또 alto
눈	오호 ojo
눈썹	쎄하 ceja
늦은시간	따르데 tarde

ㄷ

다른	오뜨로 otro
다르다	디떼렌씨아르세 diferenciarse
다리橋	뿌엔데 puente
다리脚	삐에르나 pierna
다리미	쁠란차 plancha
닦다	림삐아르 limpiar
단순한	싱쁠레 simple
단추	보똔 botón
닫다	쎄라르 cerrar
달걀	우에보 huevo
달콤한	둘쎄 dulce
닭고기	뽀요 pollo
담배	씨가리요 cigarrillo
대단히	무이 muy
대답하다	꼰떼스따르 contestar
대사관	엠바하다 embajada
대접	아꼬히다 acogida
대학	우니베르시닫 universidad

한국어	발음	스페인어
더러운	수씨오(아)	sucio(a)
더위	깔로르	calor
던지다	에차르	echar
도자기	뽀르셀라나	porcelana
도둑	라드론	ladrón
도서관	비블리오떼까	biblioteca
도와주다	아유다르	ayudar
도중하차하다	바하르 엔 까미노	bajar en camino
도착하다	예가르	llegar
독신의	솔떼로(라)	soltero(a)
독특한	뻬꾸리아르	peculiar
돈	디네로	dinero
돌아가다	볼베르	volver
돕다	이유다르	ayudar
동물	아니말	animal
동전	수엘또	suelto
동쪽	에스떼	este
돼지고기	까르네 데 쎄르도	carne de cerdo
두꺼운	그루에소	grueso
두다	뽀네-르	poner
두통	돌로르 데 까베싸	dolor de cabeza
둥근	레돈도	redondo
드레스	뜨라헤	traje
들어가다	엔뜨라르	entrar
등	에스빨다	espalda
등산	알뻬니스모	alpinismo
디스코	디스꼬	disco
디자인	디세뇨	diseño
디저트	뽀스뜨레	postre
따뜻한	깔리엔떼	caliente
땅	띠에라	tierra
때때로	아 베쎄스	a veces
떨어뜨리다	까에르	caer

ㄹ

한국어	발음	스페인어
라디오	라디오	radio
라이터	엔쎈데도르	encendedor
램프	람빠라	lámpara
로비	베스띠불로	vestíbulo
루즈	꼴로레떼	colorete
루트	루따	ruta

마루	수엘로 / suelo
마시다	베베르 / beber
마약	드로가 / droga
마요네즈	마이오네사 / mayonesa
만나다	엔꼰뜨라르세 / encontrarse
만들다	아쎄르 / hacer
만족하다	사띠스파쎄르 / satisfacer
만지다	또까르 / tocar
많은	무쵸(차) / mucho(a)
말하다	아블라르 / hablar
맛보다	사보르 / sabor
맛있는	델리시오소(사) / delicioso(a)
맞다	아후스따르세 / ajustarse
매니큐어	마니꾸라 / manicura
맥박	뿔소 / pulso
맥주	쎄르베싸 / cerveza
머리	까베싸 / cabeza
머리카락	뻴로 / pelo
머플러	부판다 / bufanda
먹다	꼬메르 / comer
멀다	레하노 / lejano
멋진	에스뚜뻰도 / estupendo
메뉴	메누 / menú
메시지	멘사헤 / mensaje
면도하다	아페이따르 / afeitar
면세	리브레 데 임뿌에스또스 / libre de impuestos
명료한	끌라로 / claro
모든	또도 / todo
모습	피구라 / figura
모양	포르마 / forma
모으다	레우니르 / reunir
모자	솜브레로 / sombrero
모텔	모뗄 / motel
모포	만따 / manta
모피	삐엘 / piel
목	꾸에요 / cuello
목구멍	가르간따 / garganta
목격자	떼스띠고 오꿀라르 / testigo ocular
목적지	데스띠노 / destino

한국어	스페인어	한국어	스페인어
몸	꾸에르뽀 cuerpo	밀다	엠뿌하르 empujar
묘지	쎄멘떼리오 cementerio	**ㅂ**	
무거운	뻬사도 pesado	바다	마르 mar
무게	뻬소 peso	바닥	수엘로 suelo
무대	에스쎄나 escena	바람	비엔또 viento
무릎	로디야 rodilla	바쁜	오꾸빠도(다) ocupado(a)
무엇	께 qué	바지	빤딸로네스 pantalones
문	뿌에르따 puerta	박물관	무세오 museo
문명	꿀뚜라 cultura	빈	미딴 mitad
문방구점	빠뻴레리아 papelería	반대	오쁘씨씨온 oposición
문제	쁘로블레마 problema	반바지	깔손시요스 calzoncillos
문화	꿀뚜라 cultura	반복하다	레뻬띠르 repetir
묻다	쁘레군따르 preguntar	반지	아니요 anillo
물	아구아 agua	반환하다	데볼베르 devolver
물품	오브헤또 objeto	받다	레씨비르 recibir
뮤지컬	무시깔 musical	발	삐에 pie
미국	에스따도스 우니도스 Estados Unidos	발레	바옛 ballet
미술관	무세오 데 베야스 아르떼스 museo de bellas artes	발코니	발꼰 balcón
미용실	살롱 데 베예싸 salón de belleza	발행하다	뿌블리까르 publicar
민예품	오브라 데 아르떼 뽀뿔라르 obra de arte popular	밝다	끌라로 claro

한국어	발음	스페인어
밤	노체	noche
방	아비따씨온	habitación
방문하다	비시따르	visitar
방해	몰레스따르	molestar
방향	디렉씨온	dirección
배	바르꼬	barco
배구	볼리볼	vólibol
배달	세르비씨오 아 도미씰리오	servicio a domicilio
배드민턴	바드민똔	bádminton
백화점	알마쎈	almacén
버스	아우또부스	autobús
버터	만떼끼이야	mantequilla
번호	누메로	número
번화가	쎈뜨리꼬	céntrico
벌레	인섹또	insecto
벗다	끼따르세	quitarse
베개	알모아다	almohada
베이컨	또씨노	tocino
벤치	방꼬	banco
벨트	씬뚜론	cinturón
벽	빠렏	pared
변비	에스뜨레니미엔또	estreñimiento
별	에스뜨레야	estrella
병	보떼야	botella
병원	오스삐딸	hospital
병이 든	엥페르모	enfermo
보기 흉한	페오	feo
보내다	엔비아르	enviar
보다	베르	ver
보도	아쎄라	acera
보석	호야	joya
보여주다	모스뜨라르	mostrar
보증하다	아세구라르	asegurar
보통의	오르디나리오	ordinario
보험	세구로	seguro
보호	쁘로떽씨온	protección
복잡한	꼼쁠리까도	complicado
볼펜	볼리그라포	bolígrafo
봄	쁘리마베라	primavera
봉투	소브레	sobre

한국어	발음 / 스페인어
부끄러움	베르구엔사 / vergüenza
부드러운	띠에르노 / tierno
부르다	야마르 / llamar
부모	빠드레스 / padres
부인	에스뽀사 / esposa
부유한	리꼬(까) / rico(a)
부츠	보따스 / botas
북극	뽈로 노르떼 / polo norte
북쪽	노르떼 / norte
분수	푸엔떼 / fuente
분실	뻬르디다 / pérdida
분위기	앗모스페라 / atmósfera
분홍색	로사도 / rosado
불다	소쁠라르 / soplar
불편한	인꼰베니엔떼 / inconveniente
붕대	벤다 / venda
브래지어	소스뗀 / sostén
브랜디	꼬냑 / coñac
브레이크	프레노 / freno
브로치	브로체 / broche
블라우스	블루사 / blusa
비누	하본 / jabón
비상구	살리다 데 에메르헨씨아 / salida de emergencia
비슷한	세메한떼 / semejante
비싼	까로(라) / caro(a)
비용	꼬스따 / costa
비자	비사 / visa
비행기	아비온 / avión
빈쪽이	바씨오(아) / vacío(a)
빌다	알낄라르 / alquilar
빌리다	쁘레스따르 / prestar
빗	뻬이네 / peine
빠른	라삐도 / rápido
빨강	로호 / rojo
빨대	빠히따 / pajita
빵	빤 / pan
빵집	빠나데리아 / panadería

ㅅ

사건	수쎄소 / suceso
사고	악씨덴떼 / accidente

한국어	발음	스페인어		한국어	발음	스페인어
사과	만사나	manzana		샐러드	엔살라다	ensalada
사과하다	뻬디르 뻬르돈	pedir perdón		샐러리맨	아살라리아도	asalariado
사다	꼼쁘라르	comprar		생각하다	뻰사르	pensar
사무소	오피씨나	oficina		생략하다	오미띠르	omitir
사용하다	우사르	usar		생일	꿈쁠레아뇨스	cumpleaños
사진	포또	foto		샤베트	소르베떼	sorbete
산	몬따냐	montaña		샤워	두차	ducha
살다	비비르	vivir		샴페인	참빤	champán
상세	데따예	detalle		샴푸	참푸	champú
상아	마르필	marfil		서다	레반따르세	levantarse
상의	차께따	chaqueta		서명	피르마	firma
상인	꼬메르씨안떼	comerciante		서비스	세르비씨오	servicio
상점	띠엔다	tienda		서핑	수르핑	surfing
상처	에리다	herida		선금	이델란또	adelanto
상품	쁘레미오	premio		선명한	끌라로	claro
새	아베	ave		선물	레갈로	regalo
새로운	누에보(바)	nuevo(a)		선반	에스딴떼	estante
새우	감바	gamba		선택하다	엘레히르	elegir
색깔	꼴로르	color		설명	에스쁠리까씨온	explicación
샌드위치	보까디요	bocadillo		설사	디아레아	diarrea

한국어	발음	스페인어		한국어	발음	스페인어
설사약	오삘라띠보	opilativo		소스	살사	salsa
설탕	아쑤까르	azúcar		소시지	초리소	chorizo
성城	까스띠이요	castillo		소파	소파	sofá
성공	엑시또	éxito		소포	빠께떼	paquete
성냥	쎄리야	cerilla		속달	꼬레오 우르헨떼	correo urgente
성별	디페렌씨아 데 섹소	diferencia de sexo		속하다	뻬르떼네쎄르	pertenecer
성인	아돌또	adulto		손	마노	mano
세계	문도	mundo		손가락	데도	dedo
세관	아두아나	aduana		손님	우에스뻰	huócped
세우다	꼰스뜨루이르	construir		손목	무녜카	muñeca
세탁	라바도	lavado		손바닥	빨마	palma
셀프서비스	아우또세르비씨오	autoservicio		솔	쎄삐요	cepillo
셔츠	까미사	camisa		쇠고기	까르네 데 레스	carne de res
셔터	옵뚜라도르	obturador		쇼	에스뻭따꿀로	espectáculo
소	또로	toro		쇼핑	꼼쁘라	compra
소개	쁘레센따씨온	presentación		숄더백	반돌레라	bandolera
소금	살	sal		수	누메로	número
소매	망가	manga		수리	레빠라씨온	reparación
소매치기	까르떼리스따	carterista		수면제	빠스띠아 빠라 도르미르	pastilla para dormir
소방서	꾸아르뗄 데 봄베로스	cuartel de bomberos		수수료	꼬미시온	comisión

한국어	발음	스페인어
수수한	프루갈	frugal
수염	바르바	barba
수영	나따씨온	natación
수영복	뜨라헤 데 바뇨	tarje de baño
수영장	삐스씨나	piscina
수예품	아르띠꿀로 데 아세오	artículo de aseo
수족관	아꾸아리오	acuario
수표	체께	cheque
수프	소빠	sopa
수하물	에끼빠헤	equipaje
숙고하다	뻰사르	pensar
슈트케이스	말레따	maleta
슈퍼마켓	수뻬르메르까도	supermercado
스낵바	까페떼리아	cafetería
스웨터	수에떼르	suéter
스위치	인떼룸또르	interruptor
스카치	스꼬치	scotch
스카프	부판다	bufanda
스커트	팔다	falda
스케이트	빠띠나헤	patinaje
스키	에스끼	esquí
스타디움	에스따디오	estadio
스타킹	메디아스	medias
스테이크	비스떽	bistec
스튜어디스	아싸파따	azafata
스튜어드	아욱씰리아르 데 부엘로	auxiliar de vuelo
스파게티	에스빠게띠	espagueti
스푼	꾸차라	cuchara
슬픈	뜨리스떼	triste
승객	빠사헤로	pasajero
승마	에끼따씨온	equitación
시	씨우닫	ciudad
시각	띠엠뽀	tiempo
시간	오라	hora
시계	렐로흐	reloj
시끄러운	루이도소	ruidoso
시원한	프레스꼬	fresco
시장	메르까도	mercado
시차	디페렌씨아 데 오라스	diferencia de horas
시청	아윤따미엔또	ayuntamiento

식기	세르비씨오 데 메사 / servicio de mesa
식당	레스따우란떼 / restaurante
식료품	꼬메스띠블레스 / comestibles
식료품점	띠엔다 데 아바로떼스 / tienda de abarrotes
식물원	하르딘 보따니꼬 / jardín botánico
식사	꼬미다 / comida
식중독	알리멘띠씨오 / alimenticio
신고	데끌라라씨온 / declaración
신맛의	아그리오 / agrio
신문	뻬리오디꼬 / periódico
신분증명서	까르넷 데 이덴띠피까씨온 / carnét de identificación
신청	솔리씨뚣 / solicitud
신호등	세마포로 / semáforo
실수	에끼보까씨온 / equivocación
실제의	아우뗀띠꼬 / auténtico
실크	세다 / seda
심장	꼬라쏜 / corazón
심한	떼리블레 / terrible
싸다포장	엔볼베르 / envolver
싼값의	바라또 / barato
쌀	아로쓰 / arroz
쓰다글씨	에스끄리비르 / escribir
쓰레기통	바수레로 / basurero
쓴맛	아마르고 / amargo
씻다	라바르 / lavar

ㅇ

아는 사람	꼬노씨도 / conocido
아마도	끼싸스 / quizás
아버지	빠드레 / padre
아스피린	아스삐리나 / aspirina
아이스크림	엘라도 / helado
아침식사	데사유노 / desayuno
아프다	돌레르 / doler
악수하다	다르세 라스 마노스 / darse las manos
안경	가파스 / gafas
안내	인포르마씨온 / información
안약	꼴리리오 / colirio
안전	세구리닫 / seguridad
앉다	센따르세 / sentarse
알다	사베르 / saber

한국어	발음 / 스페인어	한국어	발음 / 스페인어
알레르기	알레르히아 alergía	어린이	니뇨(냐) niño(a)
알리다	아눈시아르 anunciar	어머니	마드레 madre
암	깐쎄르 cáncer	어패류	뻬스까도스 pescados
액세서리	악쎄소리오스 accesorios	언어	렝구아 lengua
야구	베이스볼 béisbol	얼굴	까라 cara
야채	베르두라 verdura	얼다	엘라르세 helarse
약	메디씨나 medicina	얼마	알고 algo
약국	파르마씨아 farmacia	얼음	이엘로 hielo
약속	쁘로메사 promesa	에스컬레이터	에스깔레라 escalera
약한	데빌 débil	엘리베이터	아쎈소르 ascensor
얇다	델가도 delgado	여관	오스딸 hostal
양量	깐띠닫 cantidad	여권	빠사뽀르떼 pasaporte
양말	깔쎄띠네스 calcetines	여성(의)	무헤르 mujer
양복	뜨라헤 traje	여행	비아헤 viaje
양복점	사스뜨레리아 sastrería	여행사	아헨씨아 데 뚜리스모 agencia de turismo
양상추	레추가 lechuga	여행자	비아헤로 viajero
양파	쎄보야 cebolla	여행자 수표	체께 데 비아헤로 cheque de viajero
어깨	옴브로 hombro	여행하다	비아하르 viajar
어두운	옵스꾸로 obscuro	역	에스따씨온 estación
어려운	디피씰 difícil	역사적인	이스또리꼬 histórico

한국어	발음 / 스페인어
연극	떼아뜨로 / teatro
연기하다	뽀스뽀네르 / posponer
연락	아비소 / aviso
연장하다	쁘롤롱가르 / prolongar
열	피에브레 / fiebre
열다	아브리르 / abrir
열쇠	야베 / llave
엷은색이	끌라로 / claro
염좌捻挫	또르쎄두라 / torcedura
엽서	따르헤따 뽀스딸 / tarjeta postal
영사관	꼰술라도 / consulado
영수증	레씨보 / recibo
영향	인플루엔씨아 / influencia
영화	뻴리꿀라 / película
영화관	씨네 / cine
옆	라도 / lado
예쁜	보니또(따) / bonito(a)
예술	아르떼 / arte
예약	레세르바씨온 / reservación
예정	쁘레데떼르미나씨온 / predeterminación
오래된	안띠구오 / antiguo
오렌지	나랑하 / naranja
오르다	수비르 / subir
오른쪽	데레차 / derecha
오버 코트	아브리고 / abrigo
오페라	오뻬라 / ópera
온천	아구아스 떼르말레스 / aguas termales
올리다	알사르 / alzar
옷	로빠 / ropa
외국인	엑스뜨랑헤로(라) / extranjero(a)
외부	에스떼리오르 / exterior
외화	모네다 에스뜨랑헤라 / moneda extranjera
왼쪽	이스끼에르다 / izquierda
요금	쁘레씨오 / precio
요리	꼬미다 / comida
요리사	꼬씨네로(라) / cocinero(a)
요트	발란드라 / balandra
욕실	꾸아르또 데 바뇨 / cuarto de baño
욕조	바냐데라 / bañadera
우체국	오피씨나 데 꼬레오스 / oficina de correos

우편	꼬레오 correo
우표	세요스 sellos
운동	데뽀르떼 deporte
운전면허증	리쎈씨아 데 꼰두씨르 licencia de conducir
원하다	데세아르 desear
웨이터	까마레로 camarero
웨이트리스	까마레라 camarera
위	에스또마고 estómago
위대한	그란데 grande
위스키	위스끼 whisky
위장약	메디씨나 가스뜨로인떼스띠날 medicina gastrointestinal
위험한	뻴리그로소 peligro(so)
유람	에스꾸르시온 excursión
유리컵	바소 vaso
유명한	파모스 famoso
유원지	빠르께 데 아뜨락씨오네스 parque de atracciones
유적	루이나스 ruinas
은	쁠라따 plata
은행	방꼬 banco
은행원	엠쁠레아도 데 방꼬 empleado de banco

음료	베비다 bebida
음악	무시까 música
응급처치	쁘리메로스 아욱씰리오스 primeros auxilios
의미하다	시그니피까르 significar
의사	메디꼬 médico
의자	시야 silla
이기다	가나르 ganar
이동하다	무다르세 mudarse
이름	놈부레 nombre
이발	꼬르떼 데 뻴로 corte de pelo
이발소	뻴루께리아 peluquería
이빨	디엔떼스 dientes
이쑤시개	몬다디엔떼스 mondadientes
2인실	아비따씨온 도블레 habitación doble
이해하다	엔뗀데르 entender
인공의	아르띠피씨알 artificial
인상	임쁘레씨온 impresión
인형	무녜까 muñeca
일	뜨라바호 trabajo
일방통행	디렉시온 우니까 dirección única

한국어	발음	스페인어
일어나다발생	오꾸리르	ocurir
일용품	아르띠꿀로 데 우소디아리오	artículo de uso diario
1인실	아비따씨온 센시야	habitación sencilla
일출	살리다 델 솔	salida del sol
읽다	레에르	leer
입	보까	boca
입구	엔뜨라다	entrada
입국	임미그라씨온	inmigración
입다	뽀네르세	ponerse
입장	엔뜨라다	entrada

ㅈ

한국어	발음	스페인어
자동차	꼬체	coche
자동판매기	디스뜨리부이도르 아우또마띠꼬	distribuidor automático
자르다	꼬르따르	cortar
자전거	비씨끌레따	bicicleta
자주	프레꾸엔떼멘떼	frecuentemente
작은	뻬께뇨(냐)	pequeño(a)
잔돈	수엘또	suelto
잠옷	삐하마	pijama
잠자다	도르미르	dormir
잡다	꼬헤르	coger
잡지	레비스따	revista
장갑	구안떼스	guantes
장난감	후게떼	juguete
장소	시띠오	sitio
재난	데사스뜨레 나뚜랄	desastre natural
재떨이	쎄니쎄로	cenicero
재발행	에스뻬디르 데 누에보	expedir de nuevo
재즈	자쓰	jazz
잼	메르멜라다	mermelada
쟁반	반데하	bandeja
저녁식사	쎄나	cena
적당한	아데꾸아르도(다)	adecuardo(a)
전시	에스뽀시씨온	exposición
전지	삘라	pila
전화	뗄레포노	teléfono
전화번호부	기아 뗄레포니까	guía telefónica
절약	아오로	ahorro
젊은	호벤	joven
점원	데뻰디엔떼	dependiente

한국어	스페인어	한국어	스페인어
접시	쁠라또 / plato	조용한	뜨랑낄로(라) / tranquilo(a)
정류장	빠라다 / parada	조이다	아쁘레따르 / apretar
정말로	베르다데라멘떼 / verdaderamente	조정	아레글로 / arreglo
정보	인포르마씨온 / información	좁은	에스뜨레초(차) / estrecho(a)
정상	꿈브레 / cumbre	종류	끌라세 / clase
정식	꾸비에르또 / cubierto	종이접시	쁠라또 데 까르똔 / plato de cartón
정원	하르딘 / jardín	종이컵	바소 데 빠뻴 / vaso de papel
정육점	까르니쎄리아 / carnicería	좋은	부에노(나) / bueno(a)
정직한	온라도 / honrado	좌석	아시엔또 / asiento
정찬	쎄나 / cena	주週	세마나 / semana
정확히	꼬렉따멘떼 / correctamente	주다	다르 / dar
젖은	우메도 / húmedo	주류술	리꼬르 / licor
제안	쁘로뿌에스따 / propuesta	주문	뻬디르 / pedir
제외하다	에스끌루이르 / excluir	주소	디렉씨온 / dirección
제한	리미떼 / límite	주스	후고 / jugo
조각	에스꿀뚜라 / escultura	주차	아빠르까르 / aparcar
조금	운 뽀꼬 / un poco	준비	쁘레빠라씨온 / preparación
조끼	찰레꼬 / chaleco	중국	치나 / china
조미료	사쏘나미엔또 / sazonamiento	중세의	메디에발 / medieval
조심	꾸이다도 / cuidado	중요한	임뽀르딴떼 / importante

한국어	발음	스페인어
즐기다	고사르	gozar
증명서	쎄르띠피까도	certificado
증상	신또마	síntoma
지갑	까르떼라	cartera
지구	띠에라	tierra
지도	마빠	mapa
지름길	아따호	atajo
지방	레히오날	regional
지배인	헤렌떼	gerente
지불하다	빠가르	pagar
지식	꼬노씨미엔또	conocimiento
지역	레히온	región
지위	뽀시씨온	posición
지진	떼레모또	terremoto
지폐	비예떼	billete
지하	숩떼라네오	subterráneo
직업	쁘로페시온	profesión
진실	베르닫	verdad
진열	엑씨비씨온	exhibición
진주	뻬를라	perla
진찰	꼰술따	consulta
진통제	아날헤시꼬	analgésico
질質	깔리닫	calidad
질문	쁘레군따	pregunta
집	까사	casa
짙은	옵스꾸로(라)	obscuro(a)
짧은	꼬르또(따)	corto(a)

ㅊ

차장	레비소르	revisor
찬성하다	아쁘로바르	aprobar
창문	벤따나	ventana
찾다	부스까르	buscar
책	리브로	libro
천천히	데스빠시오	despacio
철도	페로까릴	ferrocarril
청결한	림삐오	limpio
청구서	꾸엔따	cuenta
청구하다	데만다르	demandar
청량음료	레프레스꼬	refresco
청소	림삐에싸	limpieza

한국어	발음	스페인어
초대	인비따씨온	invitación
초콜릿	초꼴라떼	chocolate
최근	레씨엔떼멘떼	recientemente
최대의	마요르	mayor
최소의	메노르	menor
최후의	울띠모(마)	último(a)
추가의	아디씨오날	adicional
추억	레꾸에르도	recuerdo
추운	프리오	frío
축제	피에스따	fiesta
축하하다	쎌레브라르	celebrar
출구	살리다	salida
출국카드	따르헤따 데 엠바르께	tarjeta de embarque
출발	살리다	salida
출입국관리	꼰뜨롤 데 에미그라씨온 에 임미그라씨온	control de emigración e inmigración
출혈	에모라히아	hemorragia
춤	바일레	baile
충분한	바스딴떼	bastante
취미	구스또	gusto
취소	깐쎌라씨온	cancelación

한국어	발음	스페인어
치료하다	뜨라따르	tratar
치즈	께소	queso
치통	돌로르 데 디엔떼스	dolor de dientes
친절	아마빌리닷	amabilidad
침대	까마	cama
칫솔	쎄삐이요 데 디엔떼스	cepillo de dientes

ㅋ

한국어	발음	스페인어
카드	따르헤따	tarjeta
카메라	까마라	cámara
캬바레	까바레	cabaret
카지노	까시노	casino
커피	까페	café
컵	따싸	taza
케이블 카	푸니꿀라르	funicular
케이크	빠스뗄	pastel
케첩	살사 데 또마떼	salsa de tomate
코	나리쓰	nariz
코냑	꼬냑	coñac
코트	아브리고	abrigo
콘서트	꼰씨에르또	concierto

한국어	스페인어	한국어	스페인어
콜렉트 콜	아마다 아 꼬브로 레베르띠도 llamada a cobro revertido	토마토	또마떼 tomate
쾌적한	꼬모도 cómodo	토스트	또스따다 tostada
크기	따마뇨 tamaño	토하다	보미따르 vomitar
크레디트카드	따르헤따 데 끄레디또 tarjeta de crédito	통과	빠소 paso
크림	끄레마 crema	통로	빠소 paso
큰	그란데 grande	통화돈	모네다 moneda
큰키가	알또(따) alto(a)	특별한	에스뻬씨알 especial
큰소리	엔 보스 알따 en voz alta	튼튼한	푸에르떼 fuerte
클럽	끌룹 club	티셔츠	까미세따 camiseta
		티켓	비예떼 billete
		팁	쁘로삐나 propina

ㅌ

타다	수비르 subir
타월	또아야 toalla
탈것	베이꿀로 vehículo
탑	또레 torre
탑승	엠바르께 embarque
탑승권	비예떼 데 엠바르께 billete de embarque
택시	딱씨 taxi
테니스	떼니스 tenis
텐트	띠엔다 tienda
텔레비전	뗄레비시온 televisión

ㅍ

파란	아쑬 azul
파마	뻬르마넨떼 permanente
파이	빠스뗄 pastel
파티	피에스따 fiesta
판매	벤따 venta
판자	따블라 tabla
팔다	벤데르 vender
팔찌	뿔세라 pulsera

한국어	스페인어	한국어	스페인어
패션	모다 / moda	피하다	우이르 / huir
팸플릿	포예또 / folleto	피하다	에비따르 / evitar
퍼레이드	데스필레 / desfile	필름	뻴리꿀라 / película
편견	쁘레후이씨오 / prejuicio	필요로 하다	네세시따르 / necesitar
편리한	꼼베니엔떼 / conveniente		

ㅎ

포도주	비노 / vino
포장하다	엠빠께따르 / empaquetar
포크	떼네도르 / tenedor
포터	모쏘 데 세르비씨오 / mozo de servicio
포함	잉끌루이르 / incluir
표현하다	에스쁘레사르 / expresar
품목	꼰셉또 / concepto
프론트	레쎕씨온 / recepción
프로그래머	쁘로그라마도르 / programador
프로그램	쁘로그라마 / programa
피	상그레 / sangre
피로	파띠가 / fatiga
피로한	깐사도(다) / cansado(a)
피부과	데르마똘로히아 / dermatología
피자	삐싸 / pizza
하다	아쎄르 / hacer
하얀	블랑꼬 / blanco
한가운데	쎈뜨로 / centro
한가한	데소꾸빠도(다) / desocupado(a)
할인	데스꾸엔또 / descuento
항공우편	꼬레오 아에레오 / correo aéreo
항구	뿌에르또 / puerto
해年	아뇨 / año
해안	꼬스따 / costa
해열제	페브리후고 / febrífugo
햄	하몬 / jamón
행운의	아포르뚜나도(다) / afortunado(a)
향수	뻬르푸메 / perfume
허가	뻬르미소 / permiso
헤엄치다	나다르 / nadar

한국어	발음 / Español	한국어	발음 / Español
헤어스타일	뻬이나도 / peinado	회상하다	레꼬르다르 / recordar
현금	에펙띠보 / efectivo	회색의	그리스 / gris
현기증	베르띠고 / vértigo	회의	꼰페렌씨아 / conferencia
현지의	로깔 / local	회화	꼰베르사씨온 / conversación
혈압	쁘레시온 아르떼리알 / presión arterial	후추	삐미엔따 / pimienta
호텔	오뗄 / hotel	후회하다	아레뻰띠르세 / arrepentirse
홍차	떼 / té	훌륭한	마그니피꼬 / magnífico
화난	엠파다도(다) / enfadado(a)	휴가	바까씨오네스 / vacaciones
화려한	야마띠보 / llamativo	휴게실	살라 데 레우니온 / sala de reunión
화산	볼깐 / volcán	휴대품보관소	구아르다로빠 / guardarropa
화상	께마두라 / quemadura	휴식	데스깐소 / descanso
화장실	세르비씨오스 / servicios	휴양지	발네아리오 / balneario
화장품	꼬스메띠꼬스 / cosméticos	휴일	디아 데 데스깐소 / día de descanso
화재	인쎈디오 / incendio	휴지	빠뻴 이히에니꼬 / papel higiénico
확인	꼰피르마르 / confirmar	흐림	누블라도 / nublado
환율	띠뽀 데 깜비오 / tipo de cambio	흡연하다	푸마르 / fumar
환전소	오피씨나 데 깜비오 / oficina de cambio	흥미로운	인떼레산떼 / interesante
회복	레꼬브로 / recobro	희극	꼬메디아 / comedia
회사	꼼빠니아 / compañía	희망	에스뻬란싸 / esperanza

발행일	2024년 12월 15일	139-240	
저자	좋은 친구들	서울시 노원구 공릉동 653-5	
발행인	김인숙	전화	02-967-0700
발행처	(주)동인랑	팩스	02-967-1555
인쇄	삼덕정판사	등록	제 6-0406호

 ©2024, Donginrang Co., Ltd.

본 교재에 수록되어 있는 모든 내용과 사진, 삽화 등의 무단 전재·복제를 금합니다.
All rights reserved. No part of this book or audio cassettes may be reproduced or transmitted in any form or any means, without permission in writing from the publisher.

인터넷의 세계로 오세요
http://www.donginrang.co.kr
E-mail : webmaster@donginrang.co.kr

잘못된 책은 교환해 드립니다.